T0209398

essentials

essentials liefern aktuelles Wissen in konzentrierter Form. Die Essenz dessen, worauf es als „State-of-the-Art" in der gegenwärtigen Fachdiskussion oder in der Praxis ankommt. *essentials* informieren schnell, unkompliziert und verständlich

- als Einführung in ein aktuelles Thema aus Ihrem Fachgebiet
- als Einstieg in ein für Sie noch unbekanntes Themenfeld
- als Einblick, um zum Thema mitreden zu können

Die Bücher in elektronischer und gedruckter Form bringen das Expertenwissen von Springer-Fachautoren kompakt zur Darstellung. Sie sind besonders für die Nutzung als eBook auf Tablet-PCs, eBook-Readern und Smartphones geeignet. *essentials:* Wissensbausteine aus den Wirtschafts-, Sozial- und Geisteswissenschaften, aus Technik und Naturwissenschaften sowie aus Medizin, Psychologie und Gesundheitsberufen. Von renommierten Autoren aller Springer-Verlagsmarken.

Weitere Bände in der Reihe http://www.springer.com/series/13088

Mario Kischporski

EDI – Digitalisierung und IT-Wertbeitrag konkret umgesetzt

Eine Einführung in Electronic Data Interchange und zur Digitalen Transformation

Mario Kischporski
gate Technologiezentrum, TU München
München/Garching, Deutschland

ISSN 2197-6708   ISSN 2197-6716   (electronic)
essentials
ISBN 978-3-658-19050-7   ISBN 978-3-658-19051-4   (eBook)
DOI 10.1007/978-3-658-19051-4

Die Deutsche Nationalbibliothek verzeichnet diese Publikation in der Deutschen Nationalbiblio-
grafie; detaillierte bibliografische Daten sind im Internet über http://dnb.d-nb.de abrufbar.

Springer Gabler
© Springer Fachmedien Wiesbaden GmbH 2017

Gedruckt auf säurefreiem und chlorfrei gebleichtem Papier

Springer Gabler ist Teil von Springer Nature
Die eingetragene Gesellschaft ist Springer Fachmedien Wiesbaden GmbH
Die Anschrift der Gesellschaft ist: Abraham-Lincoln-Str. 46, 65189 Wiesbaden, Germany

Was Sie in diesem *essential* finden können

- Eine Einführung in das Thema EDI und Strukturdatenaustausch
- Darstellung von Chancen, Potenzialen, IT-Wertbeitrag und Business-/IT-Alignment bei der anstehenden Digitalen Transformation in Unternehmen
- Praxistipps und -empfehlungen

Vorwort

Totgesagte leben bekanntlich länger. Die Begriffe und Themenfelder „Industrie 4.0", „Digitalisierung" oder auch „Digitale Transformation" sind aktuell in aller Munde. Ebenso „das Arbeiten in der Cloud" und die „IT aus der Cloud". Was bedeutet Digitalisierung im Zusammenhang mit EDI als elektronischem Datenaustausch? Ist Digitalisierung wirklich nur das Einscannen von Papierdokumenten oder das Auslesen von PDF-Sichtbelegen? Oder geht es wieder einmal darum, ein weiteres Nachrichtenformat zu schaffen, das alle Probleme löst, allgemein gültig und von allen zu nutzen ist? EDI existiert schon seit den achtziger Jahren, wird aber schwerpunktmäßig in Großunternehmen eingesetzt. Dieses *essential* gibt Ihnen einen Überblick über das Themenfeld EDI, um die enormen Potenziale auch für klein- und mittelständische Unternehmen (KMU) aufzuzeigen. Hierbei geht es nicht nur um die Optimierung von Prozessen und Prozesskosten, sondern ferner u. a. um Kundenbindung und -gewinnung durch EDI.

Ich bin ein starker Verfechter des strukturierten elektronischen Datenaustausches (auch Strukturdatenaustausch genannt), um die Umwege des Scannens, der Belegerkennung oder aufwendige Up- und Downloads in und aus Portalen, manuelle Dateneingaben in Portalen, Druckertreiberlösungen erst gar nicht beschreiten zu müssen. Ganz abgesehen von den Kosten dieser Umwege. „EDI" kann heute u. a. als erprobtes IT-Produkt am Markt erworben werden, ohne den Aufwand einer umfangreichen Fachkraftsuche im Unternehmen auf sich nehmen zu müssen.

Genauer betrachtet existiert EDI schon seit den 1960er Jahren und wurde vermutlich in den USA durch die Definition von Nachrichtenstrukturen für den konkreten Bedarf erstmals eingesetzt. Standards gab es noch keine. Den „Durchbruch" erlangte EDI über den Nachrichtenstandard EDIFACT in den achtziger Jahren, v. a. durch den Einsatz in der Automobilindustrie im Rahmen der Kosten- und Qualitätsoptimierungsstrategien.

EDI wird heute in den verschiedensten Bereichen des täglichen Geschäftsle-
bens eingesetzt und doch herrscht teilweise ein gänzlich unterschiedliches Verständnis darüber, was EDI genau ist. Manche setzen es mit EDIFACT gleich,
wieder andere meinen, auch eine E-Mail mit einem angehängten PDF sei eine Art
von EDI.

Aufgrund der Vielschichtigkeit der Thematik kann sicherlich kein Anspruch
auf Vollständigkeit erhoben werden. Deshalb freue ich mich auf Ihr Feedback
zu diesem *essential*. Gerne können Sie mir Ihre Ideen, Gedanken, Kommentare,
Praxiserfahrungen, Wünsche oder Anregungen per E-Mail (Mario.Kischporski@
complavis.de) mitteilen. Ich freue mich darauf.

München   M. Kischporski
im Juli 2017

Inhaltsverzeichnis

Abkürzungsverzeichnis

BMF	Bundesministerium der Finanzen
bspw.	beispielsweise
EDI	Electronic Data Interchange
EDIFACT	Electronic Data Interchange for Administration, Commerce and Transport
Engl.	Englischer Begriff
ERP	Enterprise Resource Planning, inhaltlich als Bezeichnung für das Warenwirtschaftssystem (WWS) im Unternehmen (genauer ERP-Software bzw. ERP-System)
etc.	et cetera
GDPdU	Grundsätze zum Datenzugriff und zur Prüfbarkeit digitaler Unterlagen
GoBD	Grundsätze zur ordnungsgemäßen Führung und Aufbewahrung von Büchern, Aufzeichnungen und Unterlagen in elektronischer Form sowie zum Datenzugriff
IKS	Internes Kontrollsystem
IT	Informationstechnologie (hier statt EDV – Elektronische Datenverarbeitung – verwendet)
KMU	Kleine und mittelständische Unternehmen
o. ä.	oder ähnliches
OCR	Optical Character Recognition (=automatische Belegerkennung mit manueller Nacharbeit)
PDF	Portable Document Format
u. ä.	und ähnliches
u. a.	unter anderem
usw.	und so weiter

WWS   Siehe unter „ERP"
z. B.   zum Beispiel
ZUGFeRD   Zentraler User Guide des Forums elektronische Rechnung
              Deutschland

Wichtige Definitionen

Bevor im weiteren Verlauf auf das Thema EDI eingegangen wird, erfolgt an dieser Stelle eine Auflistung einiger ausgewählter Fachbegriffe, die Sie beim Verständnis dieser Lektüre unterstützen soll:

Archivierung (Elektronische)
Unveränderbare, langfristige Aufbewahrung elektronischer Dokumente und Dateien.
   Hinweis: Den Begriff der sogenannten Revisionssicherheit gibt es so im Gesetz nicht.

Business-/IT-Alignment
Abbildung und Abstimmung der Geschäfts(prozess)anforderungen durch und mit der IT.

Cashflow
Kapitalfluss bzw. Zahlungsmittelüberschuss. Kennzahl zur Ermittlung der Liquiditätssituation und Innenfinanzierungskraft eines Unternehmens.

EDI
Electronic Data Interchange. Sammel- und Oberbegriff für elektronischen Datenaustausch aber auch für strukturierten Datenaustausch (Strukturdatenaustausch).

EDI-Standards
Konkrete Verfahren und Normen für unternehmensübergreifenden Transfer standardisierter Geschäftsdaten.

© Springer Fachmedien Wiesbaden GmbH 2017
M. Kischporski, *EDI – Digitalisierung und IT-Wertbeitrag konkret umgesetzt,* essentials, DOI 10.1007/978-3-658-19051-4_1

E-Invoicing
Electronic Invoicing (Elektronisches Rechnungsverfahren; auch: E-Rechnungen).

ERP
Enterprise Resource Planning = Warenwirtschaftssystem (WWS) als Anwendungssystem in einem Unternehmen. In diesem *essential* wird der Begriff WWS statt ERP verwendet.

GDPdU
Grundsätze zum Datenzugriff und zur Nachprüfbarkeit digitaler Unterlagen. Regeln zur Aufbewahrung digitaler Unterlagen und zur Mitwirkungspflicht.

Digitalisierung
Digitale Transformation. Umwandeln analoger in digitale Daten. Automation von Prozessen und Geschäftsmodellen durch das Vernetzen digitaler Technik, Informationen und Menschen.

Industrie 4.0
Sogenannte vierte industrielle Revolution: Dampfmaschine (1), Fließband- und Massenproduktion (2), Computersysteme (3) und Internet der Dinge/Digitale Vernetzung von Mensch, Maschine und Prozessen (4).

Internet der Dinge (IoT)
Engl. auch *Internet of Things*. Intelligente Gegenstände wie Bauteile, Elektronikprodukte, Maschinen usw. (teilweise gesteuert über künstliche Intelligenz = KI), sind miteinander über das Internet vernetzt, um Daten und Informationen auszutauschen.

Wertbeitrag (der IT)
IT-Wertbeitrag. Unternehmerische Wertsteigerung durch IT.

Working Capital
Umlaufvermögen, Vermögen als Ergebnis des betrieblichen Leistungserstellungsprozesses; Umlaufvermögen vermindert um kurzfristige Verbindlichkeiten. Maß für Liquidität.

Was ist EDI? 2

Unter elektronischem Datenaustausch (EDI) versteht man die Übertragung von strukturierten geschäftsrelevanten Daten zwischen den IT-Systemen von verschiedenen Unternehmen. Dabei werden vordefinierte Nachrichtenstandards verwendet. Menschliche Eingriffe sind nicht mehr notwendig oder werden auf ein Minimum reduziert. Somit ist EDI die elektronische Übertragung kommerzieller und administrativer Daten zwischen Computern nach einer vereinbarten Norm zur Strukturierung. Eine EDI-Nachricht ist eine Gruppe von Segmenten, die nach einer vereinbarten Norm strukturiert ist, in ein maschinen(aus)lesbares Format gebracht wird und sich automatisch und eindeutig verarbeiten lässt.

Damit wird erreicht, dass Geschäftsdaten wie Bestellungen, Lieferscheine oder Rechnungen unmittelbar von einem Unternehmen direkt in das andere Unternehmen gelangen. Manuelles Erfassen, Ausdrucken, Kuvertieren sowie der Postversand u. ä. entfallen gänzlich. Die Daten gelangen direkt von einem in ein anderes IT-System – über Unternehmens- und Ländergrenzen hinweg. Fehler bei der Erfassung werden reduziert bzw. entstehen erst gar nicht und Prozessdurchlaufzeiten werden beschleunigt.

Damit die verschiedenen Prozesse nahtlos ineinander greifen können, ist ein bestimmtes Regelwerk sowie eine bestimmte Infrastruktur notwendig. Dabei sind vier Komponenten relevant:

1. Kommunikation – Datenaustausch und Übertragungsprotokolle
2. Datenformate und Nachrichtenstandards
3. WWS-Software
4. Eigene EDI-Software/Infrastruktur oder EDI-Dienstleister (EDI-Clearing)

▶ Heutzutage hat (fast) jedes WWS eine Import- oder Exportschnittstelle bzw. diese Schnittstellen sind relativ einfach einzurichten.

© Springer Fachmedien Wiesbaden GmbH 2017
M. Kischporski, *EDI – Digitalisierung und IT-Wertbeitrag konkret umgesetzt,* essentials, DOI 10.1007/978-3-658-19051-4_2

2.1   Bestandteile des E-Business

Die Bezeichnung E-Business ist die Abkürzung für Electronic Business und wurde als Begriff in Abgrenzung zu dem Begriff „E-Commerce", welcher sehr stark auf den Verkäufer- bzw. Endkonsumentenmarkt ausgelegt war, erstmals 1997 durch das Unternehmen IBM eingeführt (Vgl. Wirtz 2013, S. 21).

E-Business steht als Sammelbegriff für die strategische Anwendung von Informations- und Kommunikationstechnologien in Unternehmen zur Errei-chung der Unternehmensziele. Diese beinhalten die elektronische Abwicklung von Geschäftsprozessen und Transaktionen mit anderen Geschäftspartnern (Vgl. Kersten 2001, S. 21 ff.). Im Kontext EDI ist dies wichtig, um die dabei auftre-tenden und relevanten Geschäftspartner zu verstehen. Man unterscheidet vier Gruppen, die sowohl als Leistungserbringer (Lieferant) oder Leistungsempfänger (Kunde oder einkaufendes Unternehmen) fungieren können (Abb. 2.1).

Abb. 2.1 Auftretende und mögliche Geschäftspartner. (Eigene Darstellung)

Der Hauptgrund für die Nutzung einer elektronischen Übermittlung von Daten bzw. dem elektronischen Datenaustausch ist der Informationsfluss ohne Medienbruch, d. h. das Daten nicht erneut manuell erfasst, extrahiert oder angereichert werden müssen.

Wie diese Prozesse zwischen den Geschäftspartnern vollständig strukturiert und einfach abgewickelt werden können, welche Missverständnisse es dabei gibt, und welche Standards bereits vorhanden sind, wird in den folgenden Kapiteln erläutert.

2.2 Begriffsabgrenzungen: EDI ist nicht gleich EDI

Elektronischer Datenaustausch ist der unternehmens- und ggf. auch länderübergreifende Austausch strukturierter Geschäftsdaten unter Verwendung standardisierter und genormter Formate von Anwendung zu Anwendung unter Nutzung öffentlicher oder privater Netze. Bisher galt, dass ein Unternehmen eine EDI-Software und einen Netzzugang benötigte, um mit Geschäftspartnern standardisierten elektronischen Datenaustausch zu betreiben. Die EDI-Software war zuständig für die Umsetzung der Daten aus einem beliebigen Inhouse-Format (sozusagen das hausinterne Format des WWS) in ein standardisiertes bzw. genormtes EDI-Format (z. B. EDIFACT = Elektronischer Datenaustausch für Verwaltung, Handel und Transport als weltweit gültiger und branchenneutraler Standard) und umgekehrt. Die so konvertierten Daten wurden bzw. werden sicher über das Internet oder ein privates Netz an den Geschäftspartner übermittelt.

EDI bezeichnet im Rahmen der Informationstechnologie (IT) bzw. der elektronischen Datenverarbeitung (EDV) als Ober- bzw. Sammelbegriff den Datenaustausch unter Nutzung elektronischer Datentransfer- und Datenaustauschverfahren. Dies betrifft Anwendungssysteme (Applikationen) von beteiligten Unternehmen oder Organisationen als Sender, Transporteur oder Empfänger im Kontext dieser Datenaustauschprozesse. In diesem Sinne könnte man den Versand und den Empfang von E-Mails als elektronischen Datenaustausch bezeichnen und verstehen. Dies ist formal zwar richtig, wird aber der Grundidee von EDI nicht gerecht.

In der unternehmerischen Praxis wird der Begriff EDI sehr oft mit dem Begriff EDIFACT gleichgesetzt. EDIFACT bedeutet Electronic Data Interchange for Accounting, Commerce and Transport. EDIFACT ist dabei einer von mehreren internationalen EDI-Standards. In einem engeren Verständnis werden somit mit EDI-Standards konkrete Verfahren und Vereinbarungen zum Datenaustausch bezeichnet, die zwischen Unternehmen oder durch Normierungsvorschläge von z. B. Branchenverbänden entwickelt wurden. In diesem Zusammenhang steht der

Begriff nur für unternehmensübergreifenden Transfer standardisierter (und v. a. strukturierter) Geschäftsdaten. Dabei ist, wie erläutert, EDIFACT ein Standard unter vielen.

Im Kontext EDI existieren Begrifflichkeiten und Ansätzen, die im Folgenden näher betrachtet und diskutiert werden.

Klassisches EDI (Classic-EDI)
Klassisches EDI wird auch als Classic-EDI oder 1:1-EDI für 1:1 Direktanbindungen zwischen dem einkaufenden und liefernden Unternehmen bezeichnet. Teilweise wird hierfür auch die Abkürzung PTP (Point-to-Point) verwendet. Auf die Thematik der 1:1 Direktanbindungen und alternativer Konzepte wird später noch eingegangen.

Eine der Hauptideen hinter dem Einsatz von EDI ist die Automatisierung der verschiedenen Belegstufen über Unternehmensgrenzen hinweg. Konkret bedeutet dies z. B., dass eine Bestellung automatisch aus dem WWS des einen Unternehmens exportiert wird und ohne menschliches Zutun direkt in das WWS des anderen Unternehmens übernommen werden kann. Abb. 2.2 veranschaulicht dieses Prinzip.

Zusätzlich zu EDI gibt es eine Reihe anderer Verfahren und Standards um elektronische Daten auszutauschen. Um EDI von einigen dieser Verfahren abzugrenzen, wird deshalb genauer von „Classic-EDI", also klassischem EDI gesprochen, im Gegensatz zu z. B. Web-EDI oder Internet-EDI. Allerdings wird selbst in der Fachwelt nicht immer eine klare Unterscheidung zwischen EDI als Oberbegriff und zum Beispiel EDIFACT als konkreter Ausprägung getroffen.

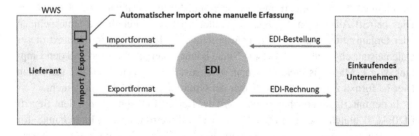

Abb. 2.2 Automatischer Im- und Export am Beispiel Bestelleingang und Rechnungsstellung. (Eigene Darstellung)

Web-EDI

In den Lieferketten des Handels, der produzierenden Industrie, der Automobilindustrie usw. ist eine Wertschöpfung ohne den Austausch von strukturierten elektronischen Daten mittlerweile undenkbar. Die beteiligten Unternehmen verfügen über entsprechende EDI-Infrastrukturen zur Übertragung, Konvertierung und Archivierung von EDI-Daten. Kleine und mittelständische Unternehmen (KMU) verfügen oft nicht über diese Art von EDI-Infrastruktur. Um dennoch eine Anbindung per EDI an andere Handelspartner zu ermöglichen, kann Web-EDI eingesetzt werden. Hierbei unterscheidet man zwischen kostenlosen und kostenpflichtigen Web-EDI Lösungen oder Portalen.

Die GS1 Germany (der deutsche Ableger der Organisation Global Standards One zur Förderung globaler Standards und Verbesserung von Wertschöpfungsketten) definiert Web-EDI wie folgt: „Web-EDI ist ein internetbasiertes Übertragungsverfahren zur Anbindung von Geschäftspartnern mit geringem Datenvolumen, die keine eigene EDI-Infrastruktur besitzen".

Das heißt, ein Web-EDI Benutzer benötigt lediglich einen Web-Browser, um EDI-Nachrichten zu empfangen und zu senden. Eine direkte Anbindung an die eigene WWS-Software ist dabei nicht notwendig oder nicht vorgesehen. Der Nachteil von Web-EDI ist somit der Medienbruch und der erhebliche manuelle Aufwand.

EDI Clearing

Mit einem sogenannte Clearing Center werden die Vorteile genutzt, die der Einsatz des elektronischen Dokumentenaustausches für die Geschäftsprozesse bietet, ohne selbst EDI Hardware und Software im Unternehmen zu installieren, zu betreiben und ohne eigenes EDI Know-how bzw. EDI Fachkräfte einstellen und aufbauen zu müssen. Dadurch werden zeit- und kostenaufwendige Prozesse wie Monitoring, Reporting, Aufbewahrung und Archivierung, Systemwartung und regelmäßige Updates ausgelagert.

Egal welches Datenformat und welches Übertragungsprotokoll genutzt werden oder genutzt werden muss, der reibungslose Dokumentenaustausch wird durch den EDI Dienstleister (als EDI Clearing Center) gewährleistet (ein EDI Clearing Center Anbieter ist nicht mit einem EDI Software Anbieter zu verwechseln; ein EDI Software Anbieter entwickelt EDI Software und stellt diese kostenpflichtig zur Verfügung). Beim EDI Clearing werden die Daten in einem vorher definierten (beliebigen) strukturierten Format zur Verfügung gestellt. Das EDI Clearing Center übernimmt die Übertragung (den Transport) der Daten und die Konvertierung in das in der WWS-Software des jeweiligen Geschäftspartners verwendete Format. Der Vorteil ist, dass nur eine Schnittstelle zum EDI Clearing Center aufgebaut wird und nicht eine Anzahl n von einzelnen 1:1 Schnittstellendirektanbindungen mit den jeweiligen Handelspartnern. Dies übernimmt das EDI Clearing Center und somit der Dienstleister. Die Nutzung einer derartigen sinnhaften Lösung ist selbstverständlich immer unter Kosten/Nutzen Aspekten zu bewerten, auf die hier im Detail nicht eingegangen werden kann (Anzahl Geschäftspartner, ABC-Kategorisierung der Kunden und Lieferanten, Belegvolumen, strategische Fragestellungen, Fokussierung auf Kernkompetenzen und Auslagerung von unterstützenden Prozessen auf spezialisierte Anbieter etc.).

Portale/Lieferantenportale

Am Markt existiert ebenfalls eine Vielzahl von kostenlosen und kostenpflichtigen Software-as-a-Service-Portallösungen bzw. -applikationen für sowohl direktes als auch indirektes Material, die jedoch von Web-EDI abzugrenzen sind.

Portale oder genauer Lieferantenportale (teilweise ferner auch als sogenannte Marktplätze bezeichnet) bilden die Grundlage für die Integration von Lieferanten in die betrieblichen Geschäftsprozesse. Hierüber werden insbesondere Kataloge/Artikelstammdaten sowie Lieferanteninformationen eingestellt und die Geschäftsprozesse im Rahmen des Einkaufsprozesses (Anfragen, Angebote, Qualitätsmanagement, Bestellwesen, Lieferabrufe, Lieferavisierungen, Rechnungen etc.) abgewickelt. Synonym wird auch der Begriff „Supplier Relationship Management Portale" (SRM-Portale) verwendet. Derartige Portallösungen werden in der Regel von (Groß-)Kunden für ihre Lieferanten eingerichtet und eingesetzt. Großkunden verlangen von ihren Zulieferern zunehmend die Teilnahme an einem bzw. ihrem Beschaffungsportal, für die häufig auch eine Nutzungsgebühr seitens der Lieferanten zu entrichten ist. Portale werden entweder direkt von Großkunden bereitgestellt (z. B. von der Volkswagen AG mit dem VW Group Supply Portal, bei BMW mit dem BMW Partner Portal, im Energiesektor von RWE mit dem Lieferantenportal, im Handel von METRO mit METRO LINK, bei EDEKA via 1WorldSync, von Amazon mit Vendor Central etc.) oder von Joint-Venture Plattformanbietern wie SupplyOn (Robert Bosch, Continental, ZF, INA, Airbus etc.), covisint (Daimler, General Motors, Ford etc.) oder eigenständigen Softwareanbietern wie Ariba (SAP SE), POOL4TOOL und weiteren.

In diesem Zusammenhang spricht man von der Sell-Side (also der Lieferantenseite) und der Buy-Side (also der Seite der einkaufenden Unternehmen bzw. Kunden) vgl. Abb. 2.3.

Die Abgrenzung zu Web-EDI besteht darin, dass Web-EDI eine Dateneingabe und Up- bzw. Download Web-Lösung darstellt, Lieferantenportale jedoch Kollaborationsfunktionalitäten zwischen liefernden und einkaufenden Unternehmen und somit bedingte WWS-Funktionalitäten abbilden. Dort, wo interne

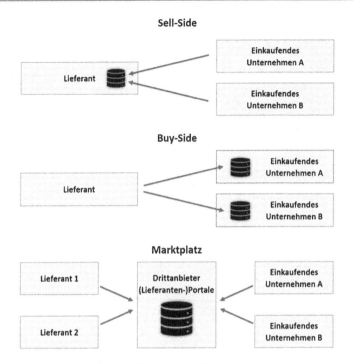

Abb. 2.3 Konzept Sell-Side, Buy-Side und Marktplatz. (Eigene Darstellung)

WWS-Softwarelösungen „aufhören", werden die internen Geschäftsprozesse über derartige Kollaborationslösungen über Unternehmensgrenzen hinweg „verlängert". Dabei können Lieferantenportale Web-EDI Funktionalitäten (Dateneingabe, Up- und Downloads etc.) beinhalten und EDI-Schnittstellenanbindungen ermöglichen. Dies ist möglich, jedoch nicht zwingend der Fall.

Grundlagen von EDI

„Lass uns miteinander spielen"
Das Grundprinzip von EDI soll durch eine Allegorie veranschaulicht werden. Ein Junge sagt zu einem Mädchen: „Möchtest Du mit mir spielen?". Das Mädchen sagt „Ja!" und holt ihre Puppe. Der Junge geht und holt seinen Fußball. Beide treffen wieder zusammen und sind frustriert. Überspitzt kann man festhalten: Die Anforderung war nicht klar genug formuliert. „Möchtest Du mit mir Fußball spielen?" hätte die Erwartungshaltung klargestellt. Bei EDI geht es in diesem Sinne um ein gemeinsames klares Verständnis über den Austausch von Daten und Informationen.

Für EDI sind zwei Aspekte relevant. Auf der einen Seite geht es um den Datenaustausch bzw. die Kommunikation zwischen (in der Regel zwei) Geschäftspartnern. Dies ist (noch) losgelöst von den Datenformaten, die über diesen Kommunikationsweg im Sinne des Datenaustausches „ausgetauscht" werden. Auf der anderen Seite stehen nun die einzelnen Datenformate für die unterschiedlichen zu digitalisierenden Geschäftsprozesse bzw. Nachrichtenarten.

Im Weiteren wird auf diese zwei Aspekte im Detail eingegangen. Grundsätzlich spricht man in Bezug auf eine Anbindung zwischen zwei Geschäftspartnern hierbei unter Beachtung von Datenaustausch, Kommunikation und Datenformat von einer „Schnittstelle" zwischen den beiden Entitäten.

▶ Diese begrifflichen Definitionen sind wichtig, um gerade zwischen den in einer fachlichen und technischen Anbindungsumsetzung involvierten Parteien (diese sind in der Regel das einkaufende und das liefernde Unternehmen und ggf. interne oder externe Dienstleister) für eine einheitliche Definition und Notation zu sorgen oder gar diese hiermit zu schaffen, um Missverständnissen vorzubeugen.

© Springer Fachmedien Wiesbaden GmbH 2017
M. Kischporski, *EDI – Digitalisierung und IT-Wertbeitrag konkret umgesetzt*, essentials, DOI 10.1007/978-3-658-19051-4_3

3.1   Datenaustausch und Kommunikation

In der IT spricht man im Zusammenhang von Datenaustausch und Kommunikation im Sinne des OSI-Schichtenmodells (Transportschicht) von Kommunikationsprotokollen oder auch Übertragungsprotokollen. OSI (engl. *Open Systems Interconnection Model*) ist ein Referenzmodell als Schichtenarchitektur für Protokolle, auf das an diese Stelle nicht weiter eingegangen werden muss. Hier geht es zunächst einmal darum, dass Daten von A nach B gelangen. Welche Daten ausgetauscht werden, ist hierbei (noch) irrelevant.

Alle Dinge, die im Zusammenhang mit dem tatsächlichen Austausch der Daten zwischen den Unternehmen stehen, können auch unter der „alten" Abkürzung „DFÜ" (Datenfernübertragung) zusammengefasst werden. Für den elektronischen Austausch von Geschäftsdokumenten haben sich über die letzten Jahre die im Folgenden erläuterten und in der Anwendungspraxis relevanten Übertragungsprotokolle etabliert.

Es empfiehlt sich eine Unterscheidung nach Kosten und aus Sicherheitsaspekten allgemein und unter Transaktionssicherheitsaspekten im weiteren Sinne. Unter sogenannten „kostenlosen" Protokollen ist die Übertragung der Daten über das Internet zu verstehen. Es werden (kostenlose) Software-Clients (Clients) benötigt. Bei serverseitigen Lösungen fallen u. U. Softwarekosten an, wenn erweiterte Funktionalitäten (Datenrouting o. ä.) benötigt werden, es stehen aber auch hier (kostenfreie) Open Source Lösungen zur Verfügung. Auf eine Liste von Anbieter und Produkten wird verzichtet.

FTP/SFTP und FTPS

FTP steht für „File Transfer Protocol" und ist ein Internet-Dienst, der speziell dazu dient, sich auf einem bestimmten Server-Rechner im Internet einzuloggen, um von dort aus Dateien auf den eigenen Rechner zu übertragen (Download) oder eigene Dateien auf den Server-Rechner zu übertragen (Upload). Ferner bietet das FTP-Protokoll Befehle an, um auf einem entfernten Rechner Operationen durchzuführen, wie z. B. Verzeichnisinhalte anzeigen, Verzeichnisse wechseln, Verzeichnisse anlegen oder Dateien löschen. FTP basiert auf dem Client-Server-Modell für die Kommunikation zwischen Computern. Hierbei läuft auf einem Rechner ein Server-Programm, das anderen Rechnern Daten „serviert". Auf den anderen Rechnern werden Client-Programme ausgeführt, die Informationen anfordern und die Antworten des Servers entgegennehmen. Bei FTP wird der externe Rechner (das externe System), auf dem das Server-Programm abläuft, als FTP-Server (Host, entferntes/remote System) bezeichnet.

SFTP

Nicht zu verwechseln mit dem „Simple File Transfer Protocol" (auch als SFTP abgekürzt), einem veralteten Netzwerkprotokoll ohne Verschlüsselung & Signatur. Das Simple File Transfer Protocol wird leicht mit dem SSH File Transfer Protocol (Secure File Transfer Protocol) verwechselt, das in der Regel mit „SFTP" abgekürzt wird. SFTP steht somit in diesem Kontext für „Secure File Transfer Protocol". Das Secure File Transfer Protocol sorgt für eine sichere Dateiübertragung über einen vertraulichen Datenstrom. Es ist das Standard-Dateiübertragungsprotokoll für die Verwendung mit dem SSH2 Protokoll. Das SFTP-Protokoll dient in erster Linie zur Dateiübertragung, aber auch zum allgemeinen Zugang auf das Dateisystem des FTP-Servers (siehe oben). Das SFTP-Protokoll läuft über einen sicheren Kanal, sodass *keine Kennwörter* oder *Dateiinformationen im Klartext* übertragen werden.

▶ Um sichere Verbindungen zu gewährleisten, ist die Verwendung einer SFTP Verbindung zu empfehlen.

Bei diesem Dateiübertragungsprotokoll wird die Verbindung von dem Client zu dem FTP-Server verschlüsselt. Die Daten werden nun über diese verschlüsselte Verbindung (SSH-Tunnel) von und zu dem Client transportiert. Um sicher zu gehen, dass bei einer SFTP-Verbindung mit dem richtigen Server Daten ausgetauscht werden, übermittelt der SFTP-Server vor dem Aufbau der Verbindung einen kryptografischen *Fingerprint* seines öffentlichen Server- (auch Host genannt) Schlüssels. Beim ersten Verbindungsaufbau ist dieser Schlüssel dem Client-Programm noch nicht bekannt und muss daher vor dem ersten Datenaustausch vom Benutzer bestätigt werden. Wenn sich einmal mit einem FTP-Server verbunden wurde und geprüft wird, dass dies wirklich der richtige Server ist, werden diese Fingerprint Informationen lokal gespeichert. So kann bei jeder neuen Verbindung überprüft werden, ob die Fingerprint Informationen mit den gespeicherten übereinstimmen – um sicher zu sein, dass niemand „dazwischen" ist. Fingerprints kommen bei verschiedenen Servern nur einmal vor und werden aus dem privaten Schlüssel des Servers generiert.

FTPS

Im Unterschied zu SFTP stellt FTPS (siehe Abb. 3.1) eine Kommunikation von FTP über Transport Layer Security (TLS) und keine Kommunikation von FTP über SSH, wie oben dargestellt, dar. Die Verschlüsselung von FTP ist *aufwendig,* weil dieses Protokoll mindestens zwei separate Verbindungen erfordert. FTPS sieht deshalb vor, dass die Nutzdaten nicht unbedingt verschlüsselt werden und nach der Authentifizierung die Verschlüsselung entfallen kann. Inwieweit beim FTPS verschlüsselt wird, hängt vom jeweiligen Server und Client ab.

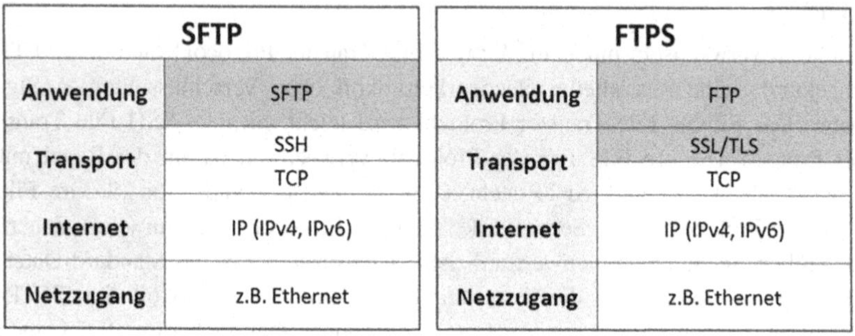

SFTP			FTPS		
Anwendung	SFTP		**Anwendung**	FTP	
Transport	SSH		**Transport**	SSL/TLS	
	TCP			TCP	
Internet	IP (IPv4, IPv6)		**Internet**	IP (IPv4, IPv6)	
Netzzugang	z.B. Ethernet		**Netzzugang**	z.B. Ethernet	

Abb. 3.1 Unterschiede bei FTP mittels SFTP oder FTPS. (Eigene Darstellung)

Abb. 3.1 verdeutlicht nochmals die dargestellten Unterschiede. SFTP ist ein Datenaustauschprotokoll, das eine Verschlüsselung ermöglicht. Im Unterschied zu FTP über TLS (FTPS) reicht bei SFTP eine einzige Verbindung zwischen Client und Server aus. Dies ermöglicht, dass SFTP freistellt, statt SSH jedes andere Verfahren zur Authentifizierung und Verschlüsselung einzusetzen.

▶   Es empfiehlt sich unter Berücksichtigung der genannten Aspekte, SFTP gegenüber FTPS zu bevorzugen.

HTTP/HTTPS/Webservice
Ein Webservice ist eine Softwareanwendung, die über ein Netzwerk (z. B. das Internet) eine Interaktion zwischen zwei Computersystemen unter Nutzung von Protokollen aus dem Internetkontext (wie HTTP oder HTTPS) ermöglicht. HTTPS ist die „abhörsichere" Variante von HTTP und stellt eine Transportverschlüsselung dar. HTTP steht für Hypertext Transfer Protocol. Ein Datenaustausch über Webservices ist in der Regel aufwendiger, da sich auf die zu verwendende WDSL (Web Service Description Language) zu einigen ist. SOAP (Simple Object Access Protocol) ist ein Beispiel für einen Webservice.

AS2
AS2 (Application Statement 2) ermöglicht ebenfalls die sichere Datenübertragung. AS2 ist eines der beliebtesten Transportprotokolle für den kostengünstigen und sicheren Datenaustausch von EDI Nachrichten über das Internet. Der Standard löst unsichere Übertragungsstandards wie E-Mail oder Lösungen wie X.400 (siehe weiter unten), die laufende Kosten verursachen, ab. Als eine der Spezifikationen des EDIINT Standards (EDI over the Internet) definiert das AS2 Protokoll

den sicheren Datenaustausch via HTTP- bzw. HTTPS-Protokoll. Daneben existieren noch die beiden Standards AS1 und AS3, die das SMTP-Protokoll (siehe unten) bzw. das FTP-Protokoll (siehe oben) nutzen.

Im Gegensatz zur Übertragung innerhalb von sogenannten Value Added Networks (VANs, wie z. B. GXS) fallen beim Datenaustausch über das Internet keine Nutzungsgebühren an. AS2 stellt dabei einen digitalen Briefumschlag, auch EDI Envelope genannt, bereit, in dem die zu übertragenden elektronischen Geschäftsdokumente unverändert gesendet werden können. Der Umschlag kann vor der Übertragung über eine gesicherte Internetverbindung bei Bedarf komprimiert, verschlüsselt und mit einer elektronischen Signatur versehen werden. Beim Empfänger erfolgen folglich die Entschlüsselung sowie die Überprüfung der digitalen Signatur, ehe die Daten im System des Empfängers weiterverarbeitet werden. AS2 ist ein Übertragungsverfahren, das speziell für den Austausch von Geschäftsdaten bzw. digitalisierten Geschäftsdokumenten entwickelt wurde. Demnach liegt ein Schwerpunkt auf den Themen Sicherheit und v. a. Nachweisbarkeit. Sicherheit wird durch Verschlüsselung und Signatur erreicht, die Nachweisbarkeit durch sogenannte MDNs (siehe weiter unten) als Empfangsbestätigungen. Zur Identifikation der Geschäftspartner werden Zertifikate verwendet (selbst signierte als sogenannte Self-Signed Certificates oder (kostenpflichtige) Zertifikate über offizielle Zertifikatsaussteller (sogennante Trusted Authorities). Dies bedeutet, im Vergleich bspw. zu X.400 (siehe unten) einen leicht erhöhten Verwaltungsaufwand für Zertifikatserneuerungen für den Datenaustausch mit den jeweiligen Geschäftspartnern.

Der Absender erhält aus dem AS2 Protokoll eine digitale Empfangsbestätigung als Quittung in Form der o. g. Message Disposition Notification (MDN), die als Nachweis der technischen korrekten und fristgerechten Zustellung dient. Dies kann v. a. im E-Invoicing Verfahren von Relevanz sein. Durch dieses einfache Verfahren innerhalb AS2 wird umständliches Abrufen von Logfiles im Falle der notwendigen Nachweisführung überflüssig. Ob die Übertragung der MDNs synchron (also zeitgleich in einer Übertragungssitzung) oder asynchron (also zeitversetzt in einer separaten oder der nächsten Übertragungssitzung) erfolgen soll, ist ein weiteres technisches Detail in der Konfiguration der einzelnen mit dem Geschäftspartner abzustimmenden Parameter. In der Regel erfolgt der Austausch über die einzelnen Parameter über sogenannte Datenparameterblätter statt (dies gilt auch für SFTP, AS2, X.400 usw.).

OFTP-ISDN (OFTP-1) und OFTP-2

OFTP ist wiederum von FTP zu unterscheiden. Das sogenannte Odette File Transfer Protocol 1 setzt z. B. auf ISDN auf. OFTP wird mittelfristig nicht mehr vom Systemanbieter (Telekom) unterstützt werden.

▶ Es werden noch Altimplementierungen mit OFTP-1 bzw. OFTP-ISDN betrieben, bei Neuanbindungen ist von einer Verwendung abzuraten.

Bei OFTP-1 via ISDN, ebenso wie bei X.400, fallen Nutzungsgebühren an, die abhängig der Größe des Unternehmens und des Belegvolumens durchaus mehrere hunderte oder tausende Euros pro Monat betragen können. Die Grundbereitstellung und jede einzelne Nachricht sind kostenpflichtig. OFTP-1 Anbindungen werden durch OFTP-2, AS2 oder SFTP ersetzt. OFTP-2 Produkte sind in der Regel OFTP-1 abwärtskompatibel, um Geschäftspartner sukzessive auf die neuen Technologien umstellen zu können. Darauf sollten Sie achten.

Natürlich gibt es auch Produkte, die sowohl AS2 als auch OFTP (1 und 2) unterstützen, und ggf. noch vieles mehr. Bei OFTP-2 entfallen somit die ISDN-Verbindungskosten, Grundgebühren und Investitionen in (teure) ISDN-Hardware). Es fallen Kosten für die Odette ID und ggf. für Sicherheitszertifikate an.

Odette ist eine Organisation der Automobilindustrie für Standards in den Bereichen Logistik, EDI etc. Ein Vorteil ist, dass OFTP unterbrochene Übertragungen (sogenannte Neustartfähigkeit) wieder neu aufnehmen kann, im Gegensatz zu X.400 (siehe unten). OFTP liefert ebenso eine Empfangsbestätigung wie X.400 und AS2.

Bei OFTP-TCP/IP (OFTP-2) wird statt ISDN z. B. TCP/IP als Transportschicht (über das Internet) kostenfrei verwendet. ISDN ist im Gegensatz dazu wie geschildert ein kostenpflichtiger Dienst. Anders als bei OFTP-1 kann eine einzelne OFTP-2-Verbindung (Sitzung) sowohl „Anrufe" empfangen als auch tätigen. Somit erlaubt dieses Datenaustauschprotokoll eine Übertragung der EDI-Dateien in beide Richtungen. OFTP-2 bietet einen Sendungsnachweis in Form eines sogenannten EERP (End-To-End-Response), der den erfolgreichen Datentransfer belegt (ähnlich wie bei AS2).

Neben der Verwendung von TLS- bzw. SSL-Verschlüsselungen ist für die Nutzung von OFTP-2 über das Internet eine zusätzliche Sitzungssicherheitsstufe (sogenannte Session Level Security) verfügbar. Die Übermittlung der EDI-Dateien kann somit sicher über das Internet erfolgen.

SMTP/POP3 (E-Mail)

Die Nutzung von E-Mail ist weit verbreitet und geläufig. Im EDI-Kontext kann auch der Datenaustausch per E-Mail erfolgen. Das verwendete Protokoll hierbei ist SMPT (Simple Mail Transfer Protocol) meist in Kombination mit POP3 (dem Post Office Protocol in Version 3).

Es gibt einige Gründe, die gegen E-Mail bzw. SMTP als Datenaustauschverfahren im Gegensatz zu den genannten Übertragungsprotokollen sprechen. Exemplarisch aber nicht abschließend gelten die folgenden Gründe:

- Der Einsatz von Anti-Spam oder Anti-Viren Funktionalitäten kann Anhänge und/oder E-Mails blockieren bzw. „verschlucken".
- Größenbeschränkungen bei Mail-Servern und bei E-Mail Anhängen verhindern die Zustellung.
- In der Regel fehlende Empfangsbestätigungen als Quittung. Dem kann mithilfe von Übermittlungs- und Lesebestätigungen in den jeweiligen E-Mail Programmen teilweise Abhilfe geschaffen werden, dies ist jedoch ein sehr aufwendiges und nicht strukturiertes organisatorisches Verfahren.
- Die E-Mail-Software oder der -Server verändern das sogenannte Encoding von E-Mail-Anlagen.
- Die Übertragungsdauer und die Garantie der Übermittlung kann per E-Mail nicht gewährleistet werden. Bei 99 % der E-Mails ist das kein Problem, aber es bleibt ein Rest von 1 % und dies ggf. gerade bei geschäftskritischen Geschäftsdokumenten.
- Datensicherheit und Datenschutz: Diverse Beispiele von sogenannten Phishing-Mails seien hier als Risiko erwähnt. Hierbei geht es v. a. um das Vortäuschen von E-Mail-Absendern für z. B. E-Mails mit Rechnungsanlagen in Form von PDFs. Es existiert somit kein Schutz vor Fremdzugriff (Mitlesen oder Manipulation). Natürlich können Verschlüsselungs- oder Signierverfahren auch bei E-Mails eingesetzt werden, es gibt jedoch wie dargestellt weniger aufwendigere und sicherere Wege. Grundsätzlich ist das Versenden einer E-Mail wie das Versenden einer Postkarte, jeder kann im Zweifelsfall mitlesen. Dies ist ggf. bei Bestellungen und Rechnungen mit sensiblen Daten (Preise, Zahlungskonditionen etc.) als sehr kritisch zu bewerten.

▶ **Praxistipp** De-Mail und der E-Postbrief sind ebenso unter SMTP (E-Mail) zu verorten. In diesem Zusammenhang sei darauf hingewiesen, dass nur De-Mail im Gegensatz zum E-Postbrief durch den Gesetzgeber als gesetzlich verbindlich festgelegt bzw. akzeptiert wurde, die Durchdringung in der Anwendungspraxis von De-Mail aus diversen Gründen und kritischer Einschätzungen in Bezug auf Sicherheit, Datenschutz, technischer Konzeption und aufgrund rechtlicher Aspekte jedoch noch abzuwarten ist.

X.400 als BusinessMail X.400 (Telekom)

X.400 ist ein vor allem in Europa weit verbreitetes E-Mail System und gilt als Alternative zur E-Mail über das Internet. X.400 wird beispielsweise von der Telekom als BusinessMail X.400 angeboten und wird häufig für die Übertragung von EDI Nachrichten verwendet. Die Geschäftspartner und somit Teilnehmer verfügen jeweils über eine sogenannte X.400 Mailbox (in der Regel bei der Telekom; es gibt auch alternative Anbieter im Ausland), über die die Nachrichten ausgetauscht werden. Neben AS2 ist X.400 die (noch) am häufigsten verwendete Form im elektronischen Datenaustausch. X.400 ist sehr ausfallsicher. Im Gegensatz zum kostenlosen Datenaustausch über das Internet bei der AS2 Nutzung fallen beim Einsatz von X.400 Gebühren (beim Provider) an, die sich in der Regel in einer festen Grundgebühr und zusätzlichen Transaktionsgebühren manifestieren. Eine direkte Kommunikation zwischen den Geschäftspartnern ist nicht möglich, der Datenaustausch erfolgt ausschließlich über die X.400 Provider.

Darüber hinaus sollen noch folgende weitere Übertragungsprotokolle erwähnt werden.

SMIME

(Secure/Multipurpose Internet Mail Extensions) kann für die Verschlüsselung durch das Signieren von E-Mails verwendet werden. Eine Alternative ist PGP (Pretty Good Privacy). Es gelten teilweise die bereits genannten Nachteile für den Datenaustausch per E-Mail.

ebMS

ist die Message Service Spezifikation (electronic business Message Service für electronic business using eXtensible Markup Language – ebXML). Mehr zum Thema XML im folgenden Kapitel.

▶   Es wird die Nutzung von SFTP oder AS2 empfohlen (s. o.).

3.2   Datenformate

Für die Definition der Syntax, also der Struktur einer Nachricht (nicht des Inhalts; den Inhalt betreffend spricht man von Semantik), existieren unterschiedliche Begrifflichkeiten oder auch eine Mixtur. Es werden z. B. die Begriffe Protokoll, Schnittstellen, Nachrichtenstandards, Nachrichtentypen (engl. *Message Types*) etc. verwendet, die im Gesamtkontext jedoch wie bereits erwähnt für Verwirrung sorgen können. Aus diesem Grund wird hier der Begriff Datenformat definiert und im weiteren Verlauf verwendet.

In der Anwendungspraxis haben sich folgende Datenformate bzw. -strukturen herausgebildet und etabliert, auf die näher eingegangen wird:

- EDIFACT
- ANSI X.12
- XML

- VDA
- CSV
- IDOC
- ZUGFeRD

EDIFACT

EDIFACT ist der bekannteste branchenübergreifende und v. a. internationale Standard. Der EDIFACT Standard wurde unter Federführung der Vereinten Nationen als UN/EDIFACT entwickelt. Er wird heute regelmäßig zweimal jährlich überarbeitet und aktualisiert, wobei die verschiedenen Versionen (z. B. EDIFACT D96A, EDIFACT D96B oder EDIFACT D01B) an der Jahreszahl ihrer Veröffentlichung erkennbar sind. In Europa unterstehen hierbei die fachspezifischen Arbeitsgruppen, welcher Staaten und Organisationen aus West- und Osteuropa angehören, der Europäischen Kommission für Wirtschaft (ECE).

Zu den über 200 fest definierten EDIFACT-Nachrichtentypen gehören beispielsweise die EDIFACT Bestellung (EDIFACT ORDERS), die Bestellbestätigung (EDIFACT ORDRSP), der Lieferschein (EDIFACT DESADV), die elektronische Rechnung und Gutschrift (EDIFACT INVOIC) usw. Aufgrund der klar definierten Strukturen der Nachrichten und deren notwendigen Inhalte im EDIFACT-Standard ist der Datenaustausch zwischen verschiedenen Informationssystemen sowie die Datenübernahme in Folgedokumente und -systeme ohne Ausdrucke, ohne Mehrfacherfassungen und ohne Medienbrüche jederzeit möglich.

▶ Eine Übersicht der Nachrichtentypen sowie Informationen zu deren Struktur sind unter folgendem Link zu finden: https://www.unece.org/cefact/edifact/welcome.html.

Im Folgenden soll der grundsätzliche Aufbau, also die Syntax und Struktur einer EDIFACT-Nachricht, näher betrachtet werden. Eine EDIFACT-Nachricht mag wie eine wahllose Aneinanderreihung von Zeichen und Ziffern wirken. EDIFACT wäre jedoch kein echter Standard, wenn einer solchen Nachricht nicht eine bestimmte Struktur zugrunde liegen würde, die von anderen Partnersystemen auch verstanden wird. Die Grundlage eines EDI-Standards ist deshalb, dass es einheitliche Nachrichtentypen gibt. Der EDIFACT-Standard schreibt exakt vor, wie eine entsprechende EDI-Datei aufgebaut sein muss.

Folgende vier Säulen bilden die Grundlage einer EDIFACT-Nachricht:

- Syntax
- Datenelemente

- Segmente
- Nachrichten

Zusätzlich definiert der EDIFACT-Standard auch Vorgaben für die Nachrichten-übermittlung, also den Datenaustausch. Dies umfasst den genauen Aufbau eines konkreten Nachrichtenaustausches, der mehrere EDIFACT-Dateien enthalten kann.

Syntax

Um sicherzustellen, dass der Datenaustausch per EDIFACT auch funktioniert, ist es wichtig, zu Beginn eine Absprache über den genauen „Dialekt" zu treffen. Die Syntax definiert deshalb die konkreten Regeln für den Nachrichtenaufbau. Sie hat die Aufgabe sicherzustellen, dass jedes Feld und alle inhaltlichen Details so dar-gestellt werden, dass alle Systeme immer exakt dasselbe verstehen.

Die Syntax legt deshalb unter anderem fest, welcher konkrete Zeichensatz verwendet werden soll, die Groß- und Kleinschreibung, die Zulässigkeit und Verwendung von Umlauten, den Nachrichtentyp, das verwendete EDIFACT-Ver-zeichnis und das Trennzeichen für die Trennung von einzelnen Segmenten und Datenelementen.

Datenelemente

Als Datenelement wird die kleinste Einheit einer EDIFACT-Datei bezeichnet.

Segmente

Mehrere gleichartige Datenelemente einer EDIFACT-Nachricht lassen sich zu Gruppen zusammenfassen, die als Segmente bezeichnet werden.

Nachrichten

Die Nachricht selbst besteht aus geordneten Folgen von Segmenten. Eine solche Sequenz ergibt dann die komplette Nachricht wie ORDERS (für eine Bestellung) oder INVOIC (für eine Rechnung).

Die sogenannten EDIFACT-Nachrichtentypen bestehen immer aus sechs Großbuchstaben. Zum Beispiel: ORDERS für die Bestellung (Purchase Order Message), ORDRSP für die Bestellbestätigung (Purchase Order Response Mes-sage), DESADV für den Lieferschein bzw. das Lieferavis (Despatch Advice Message, engl. auch *Advance Shipping/Shipment Notice/Notfication* – ASN) und INVOIC für die Rechnung (Invoice Message). Hinweis: Für eine Gutschrift wird der Nachrichtentyp INVOIC verwendet, ein entsprechendes Kennzeichen in der Nachricht differenziert eine Gutschrift von einer Rechnung.

Als wichtig anzumerken ist, dass die Komplexität beispielsweise bei einer ORDRSP in den Nachrichteninhalten (demnach im abzubildenden Geschäftsprozess) liegt, also ob es sich z. B. um eine qualitative ORDRSP mit Preisbestätigungen-/korrekturen, verfügbaren Lagerbeständen, eine Lagerbestandsbestätigung, eine Rückstands-/Vormerkungsbestellbestätigung, mit Angabe von Lieferterminen etc. im Gegensatz zu einer klassischen reinen Auftrags- bzw. Bestellbestätigung (im kaufmännischen Sinne hinlänglich als sogenannte „AB" bezeichnet) handelt.

Die Nachrichten werden in EDIFACT stets in Form eines Namens aus sechs Großbuchstaben angegeben. Die ORDERS, DESADV und INVOIC sind die in der Anwendungspraxis am häufigsten verwendeten Geschäftsdokumente bzw. Nachrichtentypen bei EDI-Umsetzungen.

Je nach Branche können Nachrichtentypen allerdings in den verwendeten sogenannten Subsets unterschiedlich spezifiziert werden. EDIFACT ist in gewissem Sinne die Gesamtmenge aller Standards verschiedener Branchen. Um den spezifischen Anforderungen einzelner Branchen und Anwendungsbereiche gerecht zu werden, wurden Subsets entwickelt. Diese Subsets sind quasi Teilmengen des EDIFACT-Gesamtstandards. Unter anderem gibt es folgende Subsets:

- EANCOM für die Konsumgüterindustrie
- EDITEX als Standard für die Textilindustrie
- EDITRANS für Transport/Logistik
- ODETTE für die Automobilindustrie

Als Teilmenge des UN/EDIFACT Standards entsprechen diese Subsets in ihrem Aufbau genau den im EDI-Standard definierten Strukturen. Allerdings wurden diese von „überflüssigen", d. h. nicht notwendigen Feldern und Segmenten befreit, sofern diese keine Pflichtbestandteile der EDI-Nachricht nach dem EDIFACT-Standard sind. Die Subsets beinhalten nur die Nachrichten und Funktionen, die für die jeweilige Branche relevant sind.

ANSI X.12
ANSI X.12 ist gewissermaßen das (nord-)amerikanische Pendant zu EDIFACT und steht für American National Standards Institute Accredited Standards Committee X.12. EDIFACT ist im Gegensatz zu X.12 als internationaler Standard zu verstehen.

Durch Verschachtelungen der Struktur ist der Aufbau jedoch um ein vielfaches komplexer als bei EDIFACT. Häufig wird im Zusammenhang mit ANSI die 997 Nachricht verwendet. Dabei handelt es sich um eine CONTRL Nachricht als sogenanntes „Functional Acknowledgement", die dem Sender einer Nachricht bestätigt, dass die Datei beim Empfänger angekommen ist. In seltenen Fällen kann in der CONTRL auch ein Hinweis darauf gegeben werden ob und wie weit die Datei beim Empfänger bereits intern verarbeitet wurde. Eine solche Kontroll-nachricht gibt es im EDIFACT auch, die sogenannte APERAK.

Typische ANSI-Nachrichten sind 850 (Purchase Order/PO), 810 (Invoice), 856 (ASN), und die erwähnte 997 (Functional Acknowledgment/FA).

▶   Weiterführende Informationen sind unter http://www.x12.org/ zu finden.

VDA - Der „alte" EDI Standard in der Automobilindustrie

Die Automobilbranche war eine der ersten Industrien, die den elektronischen Datenaustausch einsetzt hat. Bereits 1977, also seit fast 40 Jahren, noch bevor die Vereinten Nationen mit der Entwicklung der EDIFACT-Standards starte-ten, nutzen die Automobilhersteller EDI zum Austausch von Dokumenten in ihrem weltumspannenden Liefernetzwerk. Dabei kommunizieren die verschie-denen Industrieverbände teilweise mit unterschiedlichen EDI-Standards. In der deutschen Automobilindustrie kommt der VDA Standard zur Übermittlung von EDI-Daten zum Einsatz. Der Verband der Automobilindustrie (VDA) als Inter-essenvertretung der deutschen Automobilhersteller erarbeitete und aktualisierte regelmäßig diese Standards. Während bei EDIFACT, der als internationaler Stan-dard für strukturierte Daten im EDI gilt, regelmäßig neue Versionen erarbeitet werden, um das System an aktuelle Bedürfnisse anzupassen, wird der Katalog der Nachrichtenarten im VDA-Standard lediglich bei Bedarf ergänzt. Viele Unterneh-men verwenden noch heute den originalen VDA-Standard aus den 80er Jahren. Jedem Nachrichtentyp in der Supply Chain der Automobilzulieferer wurden im VDA bestimmten *Empfehlungen* zugeordnet. Diese Empfehlungen wurden in einem Katalog zusammengefasst und regelten, wie die jeweilige Nachricht aus-zusehen hat und welche Bedingungen zu erfüllen sind. So lautete die Empfehlung für den Lieferabruf VDA 4905, die Rechnung wird unter VDA 4906 geführt, der Lieferschein unter VDA 4913.

Im Unterschied zu EDIFACT oder X.12 werden keine Segmente und Trenn-zeichen verwendet, sondern Elemente mit konstanter Länge, sprich ein fixes Län-genformat (engl. *Fixed Length Format*). Jedes Datenelement hat eine bestimmte Länge, innerhalb derer die Information übermittelt werden. Ist die Information kürzer als die definierte Länge, so wird mit Leerzeichen aufgefüllt.

▶   Im Zuge der zunehmenden Globalisierung kristallisierte sich her-aus, dass auch in der deutschen Automobilindustrie immer häufiger

EDIFACT-Nachrichtenstandards mit VDA-Normen verknüpft werden müssen, um einen reibungslosen Datenaustausch zu ermöglichen.

So wurde beispielsweise der Standard Lieferschein VDA 4913 durch VDA 4987 abgelöst, der auf der EDIFACT-Nachricht Global DESADV basiert. Die weitere Entwicklung von VDA-Standards bzw. Empfehlungen wurde aufgekündigt und eingestellt, d. h. der VDA verabschiedet Empfehlungen, wie VDA-Dokumente durch EDIFACT-Nachrichten abgebildet und abgelöst werden können. Nähere Informationen zum VDA und zu einzelnen Nachrichtentypen können auf der Webseite des Verbandes unter http://www.vda.de gefunden werden. Es empfiehlt sich, die VDA-Publikationsseite und die Suchfunktion für Details zu den einzelnen Standards.

XML

XML steht für EXtensible Markup Language, also eine erweiterbare Auszeichnungssprache.

Ein Charakteristikum von XML-Strukturen und Datenformaten ist, dass man ihren Aufbau in einer allgemein gültigen Form genau definieren kann. Der Aufbau einer XML-Struktur wurde über eine sogenannte DTD (= Document Type Definition) beschrieben, heute verwendet man dazu das XML-Schema als XSD (= XML Schema Definition) zur Beschreibung der einzelnen XML Tags.

ZUGFeRD

ZUGFeRD ist die Abkürzung für Zentrale User Guidelines des Forums elektronische Rechnung Deutschland. Dabei handelt es sich um einen im Juni 2014 vorgestellten neuen Standard für den Austausch elektronischer Rechnungen zwischen Unternehmen, Behörden und Verbrauchern. Der ZUGFeRD Standard, der als gemeinsames Projekt von Verbänden und Ministerien, dem VDA, Unternehmen des Einzelhandels, dem Banksektor sowie der Softwareindustrie entwickelt wurde, erlaubt es auch kleineren Unternehmen, an den Vorteilen des elektronischen Rechnungsaustauschs zu partizipieren. Der ZUGFeRD Standard ist vergleichbar mit dem elektronischen Datenaustausch via EDI. Er ermöglicht den digitalen Austausch strukturierter Rechnungsdaten in einer PDF-Datei. Diese kann ohne spezielle technische Übermittlungsstandards übertragen werden. Individuelle (technische) Vereinbarungen zwischen Lieferanten und Empfänger der Rechnung sind nicht notwendig. Basis des neuen ZUGFeRD-Formats ist die Möglichkeit, beliebige Dateitypen in eine PDF/A-3-Datei (ein Format zur

Langzeitarchivierung digitaler Dokumente) einbetten zu können. Beispielsweise erzeugt der Lieferant zusammen mit der PDF-Rechnung eine maschinenlesbare Rechnung im XML-Format. Der Aufbau des XML-Formats wird durch ZUG-FeRD vorgegeben und direkt in die PDF-Datei eingebettet.

Obwohl die ZUGFeRD-Rechnung optisch nicht von einer herkömmlichen PDF-Rechnung zu unterscheiden ist, liegt sie in zwei Formaten innerhalb einer Datei vor und kann vom Empfänger sowohl manuell verarbeitet, als auch direkt in seinem System automatisch weiterverarbeitet werden.

Empfänger, die keine elektronische Rechnungsverarbeitung nutzen und den XML-Teil nicht automatisiert verarbeiten können, arbeiten wie gewohnt mit der PDF-Rechnung, während sie den Rest ignorieren. Kunden mit elektronischer Rechnungsverarbeitung hingegen können die Rechnungsdaten aus dem standardisierten ZUGFeRD XML-Format auslesen und direkt in ihr System übernehmen.

Mit ZUGFeRD können Unternehmen jeder Größenordnung – selbst Kleinstunternehmen – ohne Umstellungsprobleme in die elektronische Rechnungsstellung integriert werden, ohne dass der Lieferant entscheiden muss, wem welches Rechnungsformat gesendet werden muss.

ZUGFeRD ist ein branchenunabhängiger Standard, der auch mit Behörden und öffentlichen Verwaltungen funktioniert. Zahlungsvorgänge lassen sich automatisieren und verschlanken, während Fehler durch die manuelle Datenübernahme und Belegerfassung entfallen. Da die Übertragung per PDF/A-3 Format erfolgt, sind mit ZUGFeRD übermittelte Rechnungen jederzeit durchsuchbar und genügen allen gesetzlichen Anforderungen zur „Revisionssicherheit". Während der elektronische Rechnungsaustausch bislang vornehmlich EDI-Anwendern oder Nutzern von WWS- bzw. Finanzbuchhaltungssoftwarelösungen wie z. B. SAP, Microsoft Dynamics NAV (Navision), Oracle usw. vorbehalten war, können mit ZUGFeRD nun weitere Unternehmen profitieren und Einsparungen in den Rechnungsprozessen realisieren.

▶   Leider ist es in der Praxis nicht so einfach wie es scheint oder wie es
    das ZUGFeRD-Marketing verspricht. Da ZUGFeRD in drei unterschied-
    lichen Varianten als „Basic", „Comfort" und „Extended" existiert, besteht
    v. a. für die elektronische Rechnungseingangsverarbeitung weiterhin
    die Notwendigkeit einer EDI-Konvertierung z. B. über EDI Clearing.

ZUGFeRD kann als ein weiteres Datenformat (mit dem zusätzlichen PDF-Sichtbeleg) gesehen werden. Da es sich um einen zunächst rein deutschen Ansatz handelt(e) ist die Standardisierung und Normierung auf europäischer und internationaler Ebene in den nächsten Jahren zu beobachten. Ferner ist die Verwaltung und Weiterentwicklung des Standards (die sogenannte Governance) über den Release 1.0 hinaus eine offene Fragestellung bis dato.

CSV
CSV bedeutet Comma Separated Values, also kommagetrennte Werte. Es können aber statt dem Komma auch andere Trennzeichen wie Semikolon oder ein senkrechter Strich (engl. Pipe) verwendet werden, die in den Werten selbst nicht vorkommen.

IDoc
IDocs als Interchange Documents waren ursprünglich für den Austausch zwischen zwei SAP-Systemen (als WWS) gedacht. Früher waren IDocs ähnlich der VDA-Nachrichten Fixed Length Formate. SAP bietet zur Kommunikation mit der Außenwelt (also mit nicht-SAP-Software) die Software als Modul PI (bzw. vormals XI) an. In diesem Zusammenhang wurden die Fix Length Formate in XML IDoc Strukturen bis auf einige nicht mehr benötigte Kopfdatenfelder überführt.

Das IDoc Ausgabeformat kann angepasst werden, es kann somit vom „Standard" IDOC abgewichen werden.

▶ Falls eine IDoc EDI-Umsetzung notwendig ist, ist auf eine sehr umfassende Integration zu achten. Grundsätzlich ist von einer direkten IDoc-zu-IDoc Integration abzuraten, dafür gibt es standardisierte externe Datenformate.

Bei Änderungen der SAP (IDoc) Strukturen im eigenen Unternehmen oder bei Geschäftspartnern ist auf die entsprechenden Auswirkungen zu achten (Neuintegration bzw. Re-Tests). Dies ist bei der Nutzung von EDIFACT nicht notwendig, sofern die externe Dateninhalte als Informationen unverändert bleiben.

Weitere Informationen sind zu finden unter: http://help.sap.com/saphelp_dm40/helpdata/de/72/c18eff546a11d182cc0000e829fbfe/content.htm.

3.3   Beispielnachrichten

Im Folgenden werden einfache Beispiele von Datenformaten aufgezeigt. Dabei können beispielsweise die CSV- und XML-Formate als sogenannte Inhouse-Formate dienen, die für den Geschäftspartner in eine EDIFACT-Nachricht konvertiert werden. Die vereinfachten Beispiele sind anhand einer „Bestellung" beschrieben.

CSV (auch aus Excel-Datei generier- bzw. abbildbar):

```
BN|LN|KN|BestellDat|PosNummer|EAN|Menge|NettopreisRabattiert|
SkontoTage|SkontoProzent
1234|9876|111|31012017|1|4041234567890|2|9.99|7|4
1235|9876|111|31012017|2|4041234567891|4|8.99|7|4
```

Hinweis: Eine CSV-Datei kann alternativ auch mit einer Kopfzeile und Positionszeilen aufgebaut werden und für einzelne Bestellnummer gesplittet werden (eine Bestellnummer bezogene Aufsplittung wird empfohlen).

Also:

```
BN|LN|KN|Lager|BestellDat|PosNummer|EAN|Menge|NettopreisRabat
tiert|SkontoTage|SkontoProzent
1234|9876|111|4711|31012017|1|4041234567890|2|9.99|7|4
```

```
BN|LN|KN||Lager|BestellDat|PosNummer|EAN|Menge|NettopreisRabat
tiert|SkontoTage|SkontoProzent
1235|9876|111|4711|31012017|2|4041234567891|4|8.99|7|4
```

XML (für die Bestellung 1234):

```
<Order>
<Header>
<Bestellnummer>1234</Bestellnummer>
<Lieferantennummer>9876</Lieferantennummer>
<Kundennummer>111</Kundennummer>
<Lager>4711</Lager>
<Bestelldatum>31012017>/Bestelldatum>
<Skontotage>7</Skontotage>
<Skontoprozent>4</Skontoprozent>
</Header>
```

```
<Pos>
<Pos1>
<EAN>4041234567890</EAN>
<Menge>2</Menge>
<Preis_netto_rabattiert>9.99</Preis_netto_rabattiert>
</Pos1>
<Pos2>
<EAN>4041234567891</EAN>
<Menge>4</Menge>
<Preis_netto_rabattiert>8.99</Preis_netto_rabattiert>
</Pos2>
</Pos>
</Order>
```

▶   Hinweis: Die Struktur einer XML-Datei wird wie erwähnt in einer soge-
    nannter XSD (= Schema Definition) beschrieben. Auch hier können,
    und dies empfiehlt sich, die einzelnen Bestellungen (Bestellnummern)
    auf mehrere XML-Dateien aufgesplittet werden. Die Bestellnummer
    1235 im Beispiel des CSV-Dateiformates wäre somit eine separate
    zweite XML-Datei, idealerweise in einer separaten Datenübertragung.
    Es mag Gründe für die Bündelung von Nachrichten geben, aber
    die Fehlerbehandlung (error handling) wird dadurch in der Regel
    erschwert.
       Anstatt der o. g. Lieferanten- und Bestellnummern können auch
    GLNs verwendet werden (empfohlen). Zu GLNs siehe weiter unten.

EDIFACT:

```
UNA:+.9'
UNB+UNOC:3:Sender-GLN+Empfânger-GLN+173101:0800+1++4441'
UNH+1+ORDERS:D:96A:UN'
BGM+220+9'
DTM+4:20170131:102'
RFF+ON:1234'
NAD+SU+Lieferanten-GLN++Lieferant+Lieferantenstraße
1+Stadt++PLZ+DE'
NAD+BY+Kunden-GLN++Lieferant+Lieferantenstraße
1+Stadt++PLZ+DE'
```

```
NAD+DP+Kundenlager-GLN++Lieferant+Lieferantenstraße
1+Stadt++PLZ+DE'
LIN+1+4041234567890++EAN:EN'
QTY+12:2'
PRI+AAA:9.99:EUR
LIN+2+4041234567891++EAN:EN'
QTY+12:4'
PRI+AAA:8.99:EUR
UNS+S'
CNT+2:n' (i. d. R. automatisch generiert)
UNZ+1+4441'
```

▶   Hinweis: Eine EDIFACT-Datei wird in der Regel als Fließtext übermittelt.
     Zur besseren Lesbarkeit sind Zeilenumbrüche dargestellt.

3.4   Aufbewahrung und Archivierung

Die Thematik der „Archivierung" soll am Beispiel der elektronischen Rechnung
erläutert werden. Seit dem 1. Juli 2011 sind Papier- und elektronische Rechnungen steuerrechtlich gleichgestellt. Die Aufbewahrung elektronischer Rechnungen
ist in den „Grundsätzen zur ordnungsmäßigen Führung und Aufbewahrung von
Büchern, Aufzeichnungen und Unterlagen in elektronischer Form sowie zum
Datenzugriff" (GoBD) geregelt.

Grundsätzlich gilt, Rechnungen müssen im Original aufbewahrt werden. Eine
E-Rechnung ist ein elektronisches Dokument, muss also auch elektronisch aufbewahrt werden. Die Archivierung eines Ausdrucks ist nicht zulässig. Papierrech-
nungen hingegen dürfen digitalisiert und auch das Original vernichtet werden,
sofern das Verfahren der Digitalisierung dokumentiert wurde. E-Rechnungen, die
bei Eingang in das Unternehmen in ein anderes Format konvertiert wurden, müssen im Original und im konvertierten Format aufbewahrt werden.

Die Aufbewahrungsfrist für Rechnungen beträgt in Deutschland 10 Jahre und
das laufende Geschäftsjahr. Die Fristen innerhalb Europas variieren zwischen 3
und 10 Jahren. Die EU strebt eine Vereinheitlichung der Aufbewahrungsfristen
an, das wurde bereits 2010 mit der Richtlinie 2010/45/EU beabsichtigt. Bisher
wurde dieses Vorhaben jedoch nicht umgesetzt, die Festlegung der Aufbewahrungsfrist ist nach wie vor Sache der Mitgliedsstaaten.

Während des Aufbewahrungszeitraums muss Revisionssicherheit gewährleistet sein. Revisionssicherheit wird als Begriff in den GoBD nicht verwendet, meint in der Praxis aber eine Kombination aus mehreren Vorgaben:

Unveränderbarkeit

Elektronische Rechnungen müssen unverändert und fälschungssicher archiviert werden. Elektronische Rechnungen sollten daher direkt nach Eingang im Archiv abgelegt werden. Auf welchem Speichermedium aufbewahrt werden soll, wird vom Gesetzgeber nicht festgelegt. Empfehlenswert ist eine Aufbewahrung im eigenen Rechenzentrum oder (in der Cloud) bei einem Dienstleister. Dabei muss berücksichtigt werden, wo sich die Server des Cloud-Anbieters befinden. Zu beachten ist ferner, dass Änderungen an Hard- und Software während des Aufbewahrungszeitraums keinen Einfluss auf die Unveränderbarkeit der Rechnungen haben dürfen.

Nachvollziehbarkeit/Verfahrensdokumentation

Sollten spätere Änderungen an Rechnungen erfolgen, müssen sowohl der ursprüngliche Inhalt als auch die Tatsache, dass Veränderungen vorgenommen wurden, erkennbar sein. Daher ist eine Verfahrensdokumentation des gesamten Rechnungsprozesses notwendig. Wie sich diese Verfahrensdokumentation manifestiert, ist den Unternehmen überlassen und wird vom Gesetzgeber über die GoBD nicht definiert. In der Praxis hat sich jedoch mittlerweile eine Best Practice etabliert.

Lesbarkeit und maschinelle Auswertbarkeit

Die Lesbarkeit einer Rechnung ist gewährleistet, wenn die umsatzsteuerlichen Pflichtangaben für das menschliche Auge lesbar dargestellt werden können. Für elektronische Rechnungen müssen Anzeigeprogramme (sogenannte EDI-Viewer, welche teilweise kostenfrei verfügbar sind; siehe dazu GS1 Germany) eingesetzt werden, um diese Anforderung zu erfüllen. Daher muss sichergestellt werden, dass über den Aufbewahrungszeitraum hinweg geeignete Anzeigeprogramme für die archivierten elektronischen Rechnungen vorgehalten werden.

Die maschinelle Auswertbarkeit elektronischer Rechnungen umfasst unter anderem die Möglichkeit zur Durchführung von mathematisch-technischen Auswertungen, Volltextsuchen oder die Nachverfolgung von Verknüpfungen und Verlinkungen zwischen Buchung und zugehöriger Rechnung.

„Revisionssicherheit" ist also keine rein technische Eigenschaft, sondern eine Kombination aus Organisation und Technik. Für in Deutschland ansässige

Unternehmen sind elektronische Rechnungen bevorzugt in Deutschland zu archivieren. Auch im EU-Ausland kann in den meisten Ländern archiviert werden. Dafür benötigt man jedoch die Genehmigung der Finanzverwaltung und für Betriebsprüfer muss ein Online-Zugriff aus dem Unternehmen heraus jederzeit gewährleistet sein. Die Archivierung im übrigen Ausland ist nur bedingt möglich. Bei Cloud-Anbietern muss also genau darauf geachtet werden, in welchem Land die Server stehen und folglich die Daten gespeichert werden.

▶ Zusammengefasst kann man feststellen, dass für die Archivierung oder besser Aufbewahrung festgelegt und vereinbart werden muss, wer was tut, welches Verfahren verwendet wird, wo sich der Aufbewahrungsort befindet und dies dokumentiert in einer Verfahrensdokumentation.

Die Abb. 3.2 visualisiert den Grundsatz der Aufbewahrung.

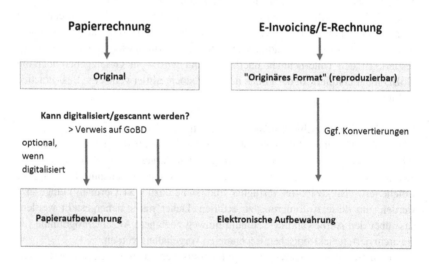

Abb. 3.2 Grundsätze der Aufbewahrung – Papierrechnung versus elektronische Rechnung. (Eigene Darstellung)

3.5 E-Business Standards

In integrierten Anwendungssystemen (z. B. WWS-Softwarelösungen) gibt es unterschiedliche Formen betriebswirtschaftlicher Daten. Man unterscheidet grundsätzlich zwischen Stammdaten, Bestandsdaten und Bewegungsdaten. Dies ist nicht nur in Bezug auf das Anwendungssystem sondern auch in Bezug auf EDI relevant.

Stammdaten

Stammdaten beschreiben Geschäftsobjekte, die nur in Ausnahmefällen oder selten verändert werden. Änderungen und Erweiterungen an diesen Datenbeständen werden bei Bedarf vorgenommen, sind aber nicht sehr häufig. Stammdaten zeichnen sich somit durch eine gewisse Dauerhaftigkeit aus und werden auch als zustandsorientierte Daten bezeichnet. Beispiele hierfür sind Produkt- bzw. Artikelstammdaten oder Lieferanten- (Kreditoren) und Kundenstammdaten (Debitoren).

Bestandsdaten

Bestandsdaten weisen Bestände aus und beschreiben somit einen Zustand. Sie kennzeichnen die betriebliche Mengen- und Wertestruktur und werden fortlaufend aktualisiert, wobei die Aktualisierung sofort bei der Bestandsänderung oder periodisch in Form einer Stapelverarbeitung (Batchverarbeitung) erfolgen kann. Beispiele hierfür sind Lagerbestände, Vormerkbestände etc.

Bewegungsdaten

Bewegungsdaten beschreiben Ereignisse und zeichnen sich durch ihren Zeitbezug aus, d. h. Bewegungsdaten werden bei jedem Geschäftsvorfall im WWS erfasst. Sie dienen der Abbildung der Wertflüsse und Bestandsveränderungen im System in Form von mengen- oder wertmäßigen Zu- und Abgängen. Beispiele hierfür sind Daten aus Bestellungen, Auftragsbestätigungen, Lieferscheinen oder Rechnungen, die per EDI übertragen werden können.

Identifikationsstandards

Durch Identifikationsstandards werden international eindeutig Unternehmen, Standorte und Produkte gekennzeichnet.

GLN/ILN

Die Global Location Number (GLN), vormals ILN (International Location Number), identifiziert global die volle Unternehmens- oder Betriebsbezeichnung sowie die Anschrift. Sie wird von den GS1-Organisationen gegen Lizenzgebühren vergeben. Für Deutschland ist dies die GS1 Germany, für Österreich die GS1 Austria, für die Schweiz GS1 Switzerland usw. Die GLN besteht aus 13 Ziffern. Die ersten drei Stellen enthalten das Länderpräfix der GS1-Mitgliedsgesellschaft, zum Beispiel Deutschland 400–440. Dann folgen 4 bis 6 Stellen, die zusammen mit der Ländernummer die 7- bis 9-stellige GS1-Basisnummer des Unternehmens bilden. In den folgenden 3 bis 5 Stellen bis zur Stelle 12 folgt ein individueller Nummernteil innerhalb des Unternehmens. Auf der Stelle 13 steht die Prüfziffer. Die GLN kennzeichnet Standorte. Sie gibt zum Beispiel an, wohin eine Palette geschickt werden soll. Sie dient nicht der Kennzeichnung von Paletten oder anderen Versandeinheiten. Hierfür wird die Nummer der Versandeinheit (NVE) verwendet. Die GLN ist nicht auf den Artikeln eines Unternehmens selbst zu finden. Allerdings beginnt die 13-stellige European Article Number (EAN) eines Artikels mit der GS1-Basisnummer des Unternehmens.

Der Vollständigkeit halber sei auch die D&B D-U-N-S® Nummer als Identifikationsnummer zur Identifikation von Unternehmen, Unternehmensbereichen, Öffentlichen Einrichtungen, Gewerbetreibenden und Selbstständigen erwähnt. Im EDI-Umfeld werden jedoch fast ausschließlich GLNs oder in Ausnahmefällen proprietäre oder bilateral vereinbarte Nummernsysteme verwendet.

NVE und SSCC

Die Nummer der Versandeinheit (NVE) bzw. engl. *Serial Shipping Container Code* (SSCC) ist eine weltweit eindeutige Nummer zur Identifizierung einer Versandeinheit (z. B. Palette, Container, Karton). Zur Generierung einer NVE ist eine Global Location Number (GLN) erforderlich, die den Aussteller der NVE (z. B. den Hersteller eines Produkts oder einen Logistikdienstleister) kennzeichnet. Diese GLN wird ebenso von den GS1-Organisationen vergeben. Die NVE basiert auf der GS1-128-Datenstruktur (früher „EAN128"). Der die NVE nach dem GS1-128-Standard als solche kennzeichnende Datenbezeichner ist „00". Die NVE selbst inkl. Prüfziffer ist numerisch 18-stellig, die vorangestellte „00" mitgezählt 20-stellig. Unternehmen mit einer 9-stelligen GLN Basis-Nummer können 100 Mio. verschiedene NVEs erzeugen.

Die Kennzeichnung eines Packstückes kann mittels eines nach GS1-128-Standard erzeugten Barcodes erfolgen, aber auch die Speicherung auf RFID-Chips.

Die NVE ist aufgrund ihrer Standardisierung so konzipiert, dass sie von allen an der Logistikkette beteiligten Unternehmen genutzt werden kann, etwa zur Nachverfolgung von Packstücken. Vom Hersteller der Ware über den Transportdienstleister bis hin zum Empfänger kann an jeder Schnittstelle der NVE-Code mit Barcodelesegeräten gelesen und verarbeitet werden, sofern alle Beteiligten auf die Verarbeitung von Codes nach GS1-128 Standard ausgelegt sind. Da die GLN in der NVE, welche das ausstellende Unternehmen eindeutig identifiziert, enthalten ist, kommt es bei den NVE-Codes weltweit zu keinen Überschneidungen. Lediglich vom ausstellenden Unternehmen selbst kann derselbe Code nach einer gewissen Zeit wieder neu generiert werden. Der NVE-Code wird ungültig, sobald das Packstück beim Empfänger abgepackt wird. Es wird empfohlen den Code ca. zwei Jahre zu sperren und nicht erneut zu verwenden. Die Sperrfrist ist jedoch nicht genormt und liegt letzten Endes im Ermessen des Erzeugers der NVE.

GTIN/EAN
Die Global Trade Item Nummer (GTIN), vormals European Article Number (EAN), dient als Produktidentifikation und ist eine ebenfalls von den GS1-Institutionen verwaltete Identifikationsnummer. Unternehmen vergeben in diesem Rahmen für ihre Produkte GTINs. GTINs können 14-(GTIN-14), 13-(GTIN-13), 12-(GTN-12) oder 8-(GTIN-8) stellig sein. Die GTN-13 ist der neue Name der EAN bzw. EAN-13. Die GTIN-14 als Spezialfall wird für die Kennzeichnung von Gebinden (Paletten, Kollis etc.) eingesetzt. Die GTIN-8 wird als Kurznummer für Produkte eingesetzt, auf denen nicht genug Platz ist. Auch verwendet z. B. der Discounter ALDI Nummerierungen der Form EAN-8 für seine Eigenmarken für die interne Verwendung (nicht kostenpflichtig). Der GTIN-Code selbst enthält keine Informationen über das Produkt. Er ermöglicht nur eine eindeutige Zuordnung, durch die weitere Informationen wie z. B. der Preis oder Produkteigenschaften abgerufen werden können. Das frühere ISBN-System für Bücher (International Standard Book Number, 10-stellig inkl. Prüfziffer) wurde an das System für internationale Artikelnummern EAN (bzw. jetzt GTIN) als 13-stellige GTIN gekoppelt.

So ist die PZN (7-stellig + Prüfziffer) als Pharmazentralnummer ein weiteres Beispiel für einen einheitlichen Identifikationsschlüssel von Produkten, hier für Medikamente.

▶   Sie können ganz einfach, schnell und v. a. kostenlos Identifikations-
     daten (z. B. die GLN eines Unternehmens) unter http://www.gepir.de
     suchen. GEPIR bedeutet Global Electronic Party Information Registry.

Klassifikationsstandards
Identifikationsstandards definieren eine eindeutige Beziehung zwischen Objekt und Information zur Verfolgung und Aufzeichnung von Produkten. Klassifikationsstandards zeigen hierarchische Beziehungen zwischen Objekten in Klassen bzw. Gruppen auf, um das Auffinden von ähnlichen Produkten, z. B. in Katalogen, zu ermöglichen.

Produktdaten bilden eine zentrale Komponente des elektronischen Geschäftsverkehrs. Um weltweit eine eindeutige Identifizierung zu ermöglichen, erhält jedes Produkt eine Identifikationsnummer. Mithilfe eines standardisierten Nummernsystems kann weltweite Überschneidungsfreiheit sichergestellt werden. Wir kennen diese Nummernsysteme wie dargestellt z. B. als Strichcodes auf Konsumgütern oder als ISBN von Büchern. Im E-Business-Umfeld geht es aber nicht nur darum, Produkte eindeutig zu identifizieren. Sie sollen in eine Gruppenstruktur eingeordnet werden, damit sie mit anderen Produkten verglichen und gemeinsam bearbeitet werden können. Zudem sollen sie durch Merkmale eindeutig beschrieben werden, um eine Suche über Produkteigenschaften zu ermöglichen. Diesem Zweck dienen Klassifikationen, die Warengruppen und Untergruppen zur Verfügung stellen. Diesen Klassifikationen können Sie Ihre Produkte zuordnen; häufig besteht auch die Möglichkeit, dass für die Beschreibung der Produkteigenschaften Merkmale definiert werden können. Klassifikationen können zu unterschiedlichen Zwecken eingesetzt werden und bringen Nutzen in verschiedenen Bereichen. Eine unternehmensweite Klassifikation verbindet verschiedene Bereiche und Funktionen im Unternehmen, bietet eine Basis für die interne Verständigung und unterstützt Funktionen wie Ausgabenanalyse, Ersatzteil-Management etc. Die Organisation, Klassifikation und Beschreibung der eigenen Produktdaten ist eine wesentliche Voraussetzung für die problemlose elektronische Kommunikation mit Geschäftspartnern. Klassifikationen sind wichtig für Stammdatenmanagement, PIM-Systeme (Produktinformationssysteme), elektronische Kataloge, elektronische Marktplätze, Online-Shops, elektronische Beschaffung und auch WWS-Softwarelösungen. Klassifikationen sind somit keine Nummerierungssysteme.

Klassifizierte Produktdaten werden im Unternehmen für verschiedene Anwendungsbereiche benötigt, z. B. bei der elektronischen Beschaffung von Produkten über die WWS-Softwarelösung, beim Suchen nach geeigneten Lieferanten oder beim Verkauf der eigenen Produkte. Produktklassifikationsstandards vereinfachen dabei den elektronischen Geschäftsverkehr und senken den Abstimmungsaufwand zwischen den Geschäftspartnern, da eineindeutige Produktdaten schneller aufbereitet, gepflegt und bereitgestellt werden können. Produktklassifikationen haben in diesem Zusammenhang drei Ziele:

Einheitlichkeit

Durch die eindeutige Strukturierung von Begriffen in Bezug auf Produktbezeichnungen und -merkmale ist auch die einheitliche Verwaltung von Daten verschiedener Herkunft gegeben. Eindeutige und klare Informationen bei Bestellvorgängen senken bspw. die Rücksendequoten für falsch gelieferte Waren. Konsistent klassifizierte Produktdaten verbessern zudem die Datenbearbeitung, da

bspw. Änderungen, die eine ganze Warenkategorie betreffen, schneller einge-
pflegt werden können.

Vergleichbarkeit
Aufgrund der Eindeutigkeit ist die Vergleichbarkeit von Produkten gegeben. Eine
hierarchische Ordnung ermöglicht die Zusammenfassung gleichartiger Produkte.
Damit ist es z. B. möglich, abstraktere Auswertungen von Geschäftstransaktio-
nen vorzunehmen, bspw. wenn es um die Berechnung eines Gesamtwertes von
bestellten Waren einer bestimmten Kategorie geht. Eine Taxonomie erleichtert
gleichzeitig die automatisierte Suche nach Produkten, da eine inhaltlich orien-
tierte Navigation möglich ist, bei der man schrittweise von übergeordneten Pro-
duktkategorien zum spezifischen Einzelprodukt gelangt. Auf der Basis einer
Klassifikation kann also die Schärfe einer Suche verbessert werden, um bspw. die
kostengünstigste Auswahl unter einer Vielzahl von Produkten zu treffen.

Integration
Die Möglichkeit der Zusammenfassung ähnlicher Produkte bildet auch die Basis
für die Übernahme von Teilmengen eines Katalogs, z. B. nur der Herrenoberbe-
kleidung eines Textilherstellers, in den Kundenkatalog. Vereinfacht wird auch der
Transfer von Produktdaten zwischen unterschiedlichen internen und/oder externen
Geschäftseinheiten über elektronische Systeme. Unterschiedliche Medien, wie
Online-Shops oder Online-Kataloge sowie elektronische Geschäftsdokumente,
wie Liefer- oder Bestellscheine, können auf der Grundlage eines Klassifikations-
systems mit den gleichen Daten aus verschiedenen Quellen gespeist werden.
  Eine einheitliche Klassifizierung aller Artikeldaten erleichtert die Erstellung
von elektronischen Katalogen und gewährleistet den effizienten Austausch von
Produktkatalogdaten. Denn Standards für den Austausch von Katalogdaten setzen voraus, dass bei den Lieferanten klassifizierte Produktdaten existieren, die als
Inhalte in das Katalogaustauschformat überführt werden können. Beispielsweise
können nach eCl@ss klassifizierte Produktdaten (siehe weiter unten) mit dem
standardisierten Katalogaustauschformat BMEcat ausgetauscht werden.
  Die Beschreibungen der Standards wurden teilweise den offiziellen Informationen der Normierungs- und Zertifizierungsinstitutionen entnommen bzw. sind in
Anlehnung an diese entstanden.

Standard-Warenklassifikationen
Eine Standard-Warenklassifikation beschreibt Artikel. Sie kann branchenübergrei-
fend z. B. für das Stammdatenmanagement (und Category Management) eingesetzt
werden. Die Standard-Warenklassifikation wird seit 1978 insbesondere in der

Konsumgüterwirtschaft in Deutschland genutzt. Aufbauend auf der Binnenhandels-
statistik des Statistischen Bundesamtes umfasst sie unterschiedlichste Warenbereiche.

GPC (Global Product Classification)

Die GPC ist eine weltweit gültige Klassifikation, mit der Handelsgüter international verständlich und detailliert eingeordnet werden können. Sie ist wichtiges
Bindeglied für die global vernetzten Stammdatenpools im Global Data Synchro-
nisation Network (GDSN). Seit 2012 wird in Deutschland die bisherige nationale
Standard-Warenklassifikation schrittweise durch die GPC abgelöst. In der Paral-
lelphase bis mindestens Ende 2017 sind beide Klassifikationen zu pflegen. Von
dieser Umstellung sind Unternehmen betroffen, wenn Stammdaten mit Handelspartnern standardisiert ausgetauscht werden.

eCl@ass

eCl@ss ist ein branchenübergreifender Produktdatenstandard für die Klassifizierung und Beschreibung von Produkten und Dienstleistungen mit dem Ziel der
Vereinfachung des elektronischen Handels klassifizierter Produkte. Insbesondere
dient die Nutzung von eCl@ss als standardisierte Grundlage für eine Waren-
gruppenstruktur in Warenwirtschaftssystemen. eCl@ass war ursprünglich eine
deutsche Entwicklung, hat sich jedoch zum internationalen Standard entwickelt.
eCl@ss ist eines der führenden Klassifikationssysteme und steht somit in Kon-
kurrenz zu GPC.

UNSPSC

Der UNSPSC (United Nations Standard Products and Services Code) ist ein branchenübergreifender, international verwendeter Klassifikationsstandard für Produkte und Dienstleistungen, der im Gegensatz zu eCl@ss als nicht-parametrische
Klassifikation keine Beschreibung von Artikeln vorsieht. Daher ist die Akzeptanz
von UNSPSC gerade auf internationaler Ebene recht hoch. Er wird hauptsächlich
im US-amerikanischen Raum verwendet sowie von deutschen Unternehmen, die
Geschäftsbeziehungen zu Geschäftspartner in Nordamerika aufbauen oder pflegen. UNSPSC ist in Bezug auf die Internationalität durch Anbindung an die Vereinten Nationen im Vorteil gegenüber anderen Klassifikationsstandards.

Es sind die meistverwendeten branchenspezifischen Standards in diese Darstellung
eingegangen. Analog gilt dies auch für branchenübergreifende Standards. Während UNSPSC und GPC bzgl. internationaler Verbreitung im Vorteil sind, hat sich
eCl@ss unter Entwicklern, Plattformen, Märkten und einzelbetrieblichen Nutzern
im deutsch-sprachigen Raum etabliert und genießt einen hohen Bekanntheitsgrad.

Die Auswahl eines geeigneten Klassifikationsstandards hängt von unterschiedlichen Faktoren ab (Optimierung interner Prozesse branchenübergreifen, Zielmärkte etc.), und es ist zur Auswahl als auch Implementierung zu empfehlen, sich hierzu aktive Unterstützung durch Experten einzuholen und geeignete Tools und Systeme einzusetzen. In der Anwendungspraxis gibt es neben dem direkten Austausch von Produktstammdaten zwischen lieferndem und einkaufendem Unternehmen sogenannte (meist kostenpflichtige) Stammdatenpools, auf die einkaufende Unternehmen zentral zugreifen können bzw. liefernde Unternehmen die Produktlistungen breit streuen können. GPC hat u. a. die Aufgabe weltweit verteilte Artikelstammdatenpools miteinander zu vernetzen, sodass im weitesten Sinne ein „globaler Katalog" von Produktstammdaten entstehen kann. Die konkrete praxisrelevante Entwicklung ist hierbei abzuwarten.

3.6 Produkt- und Katalogaustauschstandards

Katalogaustauschformate, wie z. B. BMEcat, bieten die Möglichkeit, Produktbeschreibungen gemäß den Klassifikationssystemen zu integrieren. Somit erlauben sie es, klassifikationsstandardkonforme Produktbeschreibungen zwischen Geschäftspartnern zu transportieren. Was ist hierbei der Bezug zu EDI? Klassifikationsstandards sind von Katalogaustauschformaten abzugrenzen. Katalogaustauschformate werden eingesetzt, um Katalogdaten zu transportieren und bieten häufig Merkmalsdefinitionen für feststehende betriebswirtschaftliche Produktdaten (Preise, Lieferbedingungen, Identifikatoren etc.). Technische Informationen dagegen variieren sehr stark von Produktgruppe zu Produktgruppe. Deshalb wird zu ihrer Darstellung die höhere Flexibilität von Klassifikationssystemen benötigt, die pro Produktgruppe unterschiedliche Merkmale definieren und damit den speziellen Eigenschaften der jeweiligen Produkte gerecht werden.

Ob in gedruckter oder elektronischer Form, Kataloge sind zwischen Lieferant und beschaffendem Unternehmen zentral, da sie technische, kaufmännische und Marketing-Daten aggregieren und übertragen. Bei elektronischen Katalogaustauschprozessen werden die verschiedenen Datenarten zusammengeführt. Die Daten des Lieferanten werden um die Daten des Einkäufers ergänzt und in ein einheitliches Format gebracht. Lieferantendaten sind herstellerspezifisch und umfassen u. a. Produktnamen, Artikelnummern und Lieferzeiten. Daten von der einkaufenden Seite beziehen sich bspw. auf Bestellmengen oder Zahlungskonditionen. Elektronische Kataloge bündeln somit digitale Daten und ermöglichen einen automatisierten Datenaustausch zwischen verschiedenen Systemen.

Identifikationsstandards - Kennzeichnung von Unternehmen und Produkten -	U.a. GLN/ILN, D&B D-U-N-S® Nummer, GTIN/EAN, NVE/SSCC, PZN
Klassifikationsstandards - Einheitliche Beschreibung von Produkten -	U.a. GPC, eCl@ss, UNSPSC
Katalogaustauschformate - Elektronische Bereitstellung von Produktdaten -	U.a. BMECat, PRICAT/PRODAT (EDIFACT), XML
Transaktionsstandards - Automatisierter Austausch von Geschäftsdokumenten -	U.a. EDIFACT, EANCOM & weitere Subsets, ANSI X.12, VDA, XML, APIs
Prozessstandards - Modellierung komplexer Geschäftsprozesse -	E-Business Standards (u.a. GS1 Prozeus); Zusammenspiel technischer Standards zur Steuerung & Automatisierung komplexer Geschäftsabläufe

Abb. 3.3 Übersicht Standards im Kontext EDI. (Eigene Darstellung)

Standards für den Katalogaustausch definieren den automatisierten Austausch von elektronischen Katalogdaten über Unternehmensgrenzen hinweg – zwischen Lieferanten, externen Dienstleistern und beschaffenden Organisationen (Abb. 3.3). Sie werden häufig auf Druck der einkaufenden Unternehmen eingeführt, da diese in der Regel Daten von mehreren Lieferanten integrieren müssen. Wenn alle Zulieferer die Daten im selben Format bereitstellen, liegen die Integrationskosten deutlich niedriger, als wenn jeder Lieferant Daten in einem eigenen speziellen Format bereitstellt. Durch die gesunkenen Integrationskosten lassen sich auch kürzere Aktualisierungszyklen realisieren, da die Übermittlung z. B. von zu aktualisierenden Preisdaten keine zusätzlichen Integrationskosten verursachen. Dieser Aspekt ist besonders für Marktplätze und Internetplattformen wichtig, da sie als Intermediäre bei der Bereitstellung von elektronischen Katalogen die Validierung, Konvertierung, Publikation und das Routing von Katalogdaten übernehmen.

Die Datenkonvertierung vom unternehmensintern genutzten Format in die verschiedenen Katalogaustauschformate ist vergleichsweise einfach, da hierfür entsprechende Hilfswerkzeuge zur Verfügung stehen. Die Verwendung eines Klassifikationsstandards ist zwar nicht zwingend Voraussetzung, erleichtert aber die Überführung der Daten mittels eines sogenannten „Mappings".

Der elektronische Katalogdatenaustausch ist schon seit längerem standardisiert. Abhängig von Branche und Anwendungsgebiet wurden verschiedene Formate hierfür entwickelt. Im Bereich des Katalogdatenaustauschs lassen sich im

Wesentlichen drei Gruppen von relevanten Standards unterscheiden. Eine mittlerweile etablierte Gruppe umfasst die XML-basierten Katalogaustauschformate. Deren Entwicklung hängt eng zusammen mit der Entstehung von E-Procurement (= Elektronische Beschaffung) und B2B-Marktplätzen ab Ende der 1990er Jahre. Ein zentraler Schwerpunkt dieser E-Business-Plattformen war die Aggregation mehrerer Kataloge unterschiedlicher Anbieter in einen Multilieferantenkatalog. Da zu diesem Zeitpunkt XML schon relativ weit entwickelt war, setzen neuere Katalogaustauschformate auf diesem technischen Standard auf.

Im deutschsprachigen Raum ist aus dieser Gruppe insbesondere der BMEcat von Relevanz. Die zweite Gruppe bilden die eher traditionellen EDI-Formate für den Katalogdatenaustausch, wie PRICAT und PRODAT (als weitere EDIFACT Nachrichten) innerhalb von EDIFACT bzw. des EANCOM-Subsets. Der Anwendungsfokus dieser EDI-basierten Katalogaustauschformate liegt insbesondere in der elektronischen Abwicklung von Beschaffungstransaktionen. Ferner kommen beim Katalogaustausch auch CSV-Dateien zur Anwendung, besonders im internationalen Raum. Allerdings ist der Austausch von CSV-Dateien mit einer erhöhten Fehleranfälligkeit und eingeschränkten Nutzungsmöglichkeiten verbunden, da Informationen nur sehr einfach strukturiert werden können.

Zusammenspiel
Die folgende Abb. 3.4 verdeutlicht zusammenfassend das Zusammenspiel der einzelnen Standards.

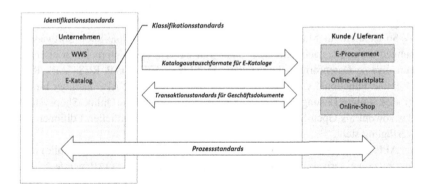

Abb. 3.4 Zusammenspiel Standards und Datenaustausch. (Eigene Darstellung)

3.7   Integration von Online-Shops und Online-Markplätzen

Es ist leider immer noch so, dass viele Online-Shops, zum Beispiel von Herstellern oder zuliefernden Unternehmen für Gebrauchsgüter, Ersatzteile oder neue Produkte, die zusätzlich Ihre Produkte online vertreiben, immer noch als autarke Systeme betrieben werden, also keine Integration in das WWS, Produktinformationssystem (PIM) oder in das Vertriebssystem (CRM-Customer Relationship Management System) besitzen. Alle Daten, Funktionen und Prozesse werden im Online-Shop selbst gepflegt, vorgehalten und durchgeführt, und es gibt selten eine Integration über Schnittstellen in andere Systeme. Für den initialen Start eines Online-Shops mag ein autarkes System sinnvoll sein, aber bei einem Ausbau fallen die Folgekosten stark ins Gewicht.

Um mit einem Online-Shop im laufenden Betrieb Prozesskosten senken und die Effizienz erhöhen zu können, muss der Online-Shop in die IT-Landschaft integriert werden. Dazu ist es technisch als auch im Beschaffungsprozess (bei der Anbieter- und Dienstleisterauswahl für einen Online-Shop) und zur Vermeidung von Kostensteigerungen von IT-Projekten von Online-Shops sehr stark darauf zu achten, dass die Schnittstellen des Online-Shops offengelegt – also für andere einsehbar – sind, um die erwartenden Effizienzsteigerungen zu erreichen.

So lässt sich beispielsweise der Bestelleingang vom Online-Shop über die Nutzung der Inhouse- oder EDIFACT-Datenformate direkt integrieren. Bei ausgehenden Rechnungen kann über das Inhouse-Datenformat eine EDIFACT oder ZUGFeRD Datenstruktur bereitstellt werden, z. B. für B2B-Kunden im Ersatzteilgeschäft, um direkt elektronische Rechnungen abzubilden.

So existiert für Magento als eine der verbreitesten Online-Shop Softwarelösungen weltweit, nach aktuellem Stand mit ca. 240.000 Unternehmen als Nutzer, diverse Datenformatschnittstellen via XML, CSV, SOAP, REST-API, RFC (Remote Functional Call) oder BAPI (Business APIs für SAP). Darüber hinaus gibt es weitere Lösungen wie z. B. Shopware als modulares Online-Shopsystem, das sowohl als Open-Source-Software als auch als kommerziellen Editionen zur Verfügung steht.

APIs sind Application Programming Interfaces, die als öffentlich (public) oder geschlossene (private) Schnittstellen verfügbar sind. Auf SOAP wurde bereits eingegangen, hier werden die Nutzdaten (die sogenannte Payload) per XML übermittelt, bei REST-API per XML *oder* via JSON. REST (Representational State Transfer) stellt eine einfache(re) Alternative zu SOAP dar. In Internet-, Web- bzw. Online-Lösungen (Online Shops, Marktplätze, Portale, Apps, Devices, Sensoren etc.) ist die für REST- nötige Infrastruktur bereits vorhanden bzw. die meisten

Web- und Online-Dienste (Services) sind in der Regel bereits REST-konform, sodass eine Integration meist „leichter" möglich ist. JSON (JavaScript Object Notation) ist ein kompaktes Datenformat zum Datenaustausch für u. a. REST.

Die weitere Entwicklung in Bezug auf EDI und APIs bzw. EDI in Form von APIs u. a. im Kontext von Maschine-zu-Maschine Kommunikation und Datenaustausch und dem Internet of Things (IoT) gilt es sehr eng zu beobachten und mitzugestalten.

3.8 Regulatorischer Rahmen, Compliance, Risk und Governance

Eine EDI-Vereinbarung ist ein Rahmenvertrag zwischen zwei Unternehmen um juristische, steuerliche und prozessuale Unsicherheiten im Kontext EDI zu vermeiden. Eine typische EDI-Vereinbarung besteht aus einem Vertragstext und einem sogenannten technischen Anhang, der auch nach Vertragsabschluss modifizierbar ist.

▶ Eine EDI Mustervereinbarung wird von der GS1 Germany bereitgestellt und kann im Standardverfahren verwendet werden oder als Basis dienen.

Eine elektronische Signatur ist ein Rechtsbegriff, der im Signaturgesetz (SigG) definiert ist. Dieser Rechtsbegriff basiert auf der Definition der Europäischen Richtlinie für elektronische Signaturen. Eine elektronische Signatur ist eine von einer Person elektronisch erstellte Willenserklärung oder Bestätigung. Eine elektronische Signatur kann im eigenen Namen oder im Auftrag erfolgen, ist jedoch immer personengebunden. Eine digitale Signatur ist der technische Begriff für elektronische Signaturen. Der Kern einer digitalen Signatur ist ein verschlüsselter Hashwert (Prüfsumme). Durch erneute Erstellung des Hashwertes und dessen Vergleich gegen den ursprünglichen Hashwert kann die Integrität von signierten Daten ermittelt werden und somit erkannt werden, ob Veränderungen an den Daten bzw. dem Dokument nach der Signaturerstellung vorgenommen wurden. Es kann jedoch nicht erkannt werden, welche Veränderungen vorgenommen wurden. Die automatisierte Erstellung elektronischer Rechnungen kann grundsätzlich an einen Dienstleister ausgelagert werden. Mit diesem Dienstleister muss die Art und der Umfang der Aufgaben und Leistungen klar geregelt und vereinbart werden. So ist die Darstellung der Prozesse des Dienstleisters ebenso in der Verfahrensdokumentation nachzuweisen.

Papier- und elektronische Rechnungen sind seit dem 1. Juli 2011 steuerrecht-lich gleichgestellt. Die Aufbewahrung elektronischer Rechnungen ist wesentlich in den „Grundsätzen zur ordnungsmäßigen Führung und Aufbewahrung von Büchern, Aufzeichnungen und Unterlagen in elektronischer Form sowie zum Datenzugriff" (GoBD) geregelt. Was bedeuten nun die GoBD?

Die GoBD, betrifft sämtliche steuerlich relevanten Dokumente. Diese umfang-reiche Regelung gilt seit Januar 2015 für alle Unternehmen in Deutschland und löst die vorherigen Regelungen „Grundsätze zum Datenzugriff und zur Prüf-barkeit digitaler Unterlagen (GDPdU)" und „Grundsätze ordnungsmäßiger DV-gestützter Buchführungssysteme (GoBS)" ab. Mit dem Schreiben des Bun-desfinanzministeriums vom 14.11.2014 wurden die Verordnungen zur Archivie-rung (GoBS) und Aufzeichnung (GDPdU) weiter konkretisiert mit dem Begriff GoBD zusammengefasst Grundlage ist der § 147 UStG, Absatz 6. Bis zum 01.01.2017 gab es eine Übergangsfrist, bei Nichtkonformität droht das Verwerfen der Buchführung und der Verlust der Vorsteuerabzugsmöglichkeiten.

Im Rahmen der regulatorischen Anforderungen an Aufbewahrungssys-teme wird auf das Kapitel „Archivierung" und grundsätzlich auf grundsätzliche Anforderungen an ein Dokumentenmanagementsystem (DMS) im Sinne der sogenannten „Revisionssicherheit" verwiesen, auf die hier im Detail nicht näher eingegangen werden kann.

Folgende Aussagen zur GoBD und zur Verfahrensdokumentation können gemacht werden:

- Eine übersichtliche und gegliederte Verfahrensdokumentation ist notwendig, aus der der Aufbau, der Inhalt und die Ergebnisse des elektronischen Ver-fahrens vollständig und für den Außenstehenden schlüssig, verständlich und ersichtlich sind.
- Die Verfahrensdokumentation muss für einen sachverständigen Dritten nach-prüfbar sein.
- Im Sinne der Belegfunktion muss dargestellt sein, wie die Belege erfasst, ver-arbeitet, gebucht, ausgegeben und aufbewahrt/archiviert werden.
- Das Interne Kontrollsystem (IKS) als „checks and balances" muss Bestandteil der Verfahrensdokumentation sein.
- Die Bestandteile sind allgemeiner beschreibender Teil, Dokumentation für den Endanwender, eine technische System- und Prozessablaufdokumentation und eine Betriebsdokumentation (Fehlerbehandlung).

(IT-)Wertbeitrag und Business-/ IT-Alignment

4

Der Nutzungsgrad der Informationstechnologie in den Unternehmen nimmt ständig zu. Eine effektive und effiziente IT-Unterstützung der Geschäftsprozesse trägt zur Wertsteigerung der Unternehmen in erheblichem Maße bei. Erfolgreiche Unternehmen setzen auf Standards – bei der Hardware, Software, aber auch bei den Prozessen und Datenstrukturen und Outsourcing wird selektiv eingesetzt. Der Unternehmenswert wird durch wertschaffende Investitionen gesteigert. Dieser Geschäftswertbeitrag einer Investition kann berechnet werden und ist vereinfacht gesagt Kapitalerlös (als Geschäftsergebnis) abzüglich der Kapitalkosten. Der Einsatz von Technologie führt nicht zwangsläufig zu Gewinnen durch Umsatzsteigerung, Kosteneinsparungen oder niedrigeren Kapitalkosten aufgrund sinkender Lagerbestände. Diese Effekte werden erst durch verbesserte Geschäftsprozesse erreicht. Dabei stellt die Informationstechnologie ein sehr wichtiges Werkzeug für die Prozessoptimierung dar und dient häufig auch als Basis für neue Geschäftsmodelle. In diesem Zusammenspiel schafft die IT allein keine Werte – sie liefert jedoch einen Wertbeitrag zu einer Gesamtinvestition. Dementsprechend fokussieren erfolgreiche Unternehmen ihre IT-Steuerung auf den Geschäftswertbeitrag.

Das Business-/IT-Alignment (Abb. 4.1) als Erweiterung hat das Ziel eine optimale Abstimmung zwischen Business und IT zu erzielen, also im weitesten Sinne die Frage zu beantworten, wie die Geschäftsprozesse und Geschäftsanforderungen durch die IT ideal abgebildet werden können. Das Business und IT untrennbar zueinander gehören wird heute nicht mehr kontrovers diskutiert. Die IT nimmt dabei u. a. eine Unterstützungsfunktion für die Automatisierung von standardisierten Geschäftsprozessen ein. Die IT fungiert sowohl als „Unterstützer" als auch als „Enabler". Im Kontext Strukturdatenaustausch ist die Frage zu beantworten, wie die IT in Form von EDI die Geschäftsprozesse so vollständig digitalisiert

© Springer Fachmedien Wiesbaden GmbH 2017
M. Kischporski, *EDI – Digitalisierung und IT-Wertbeitrag konkret umgesetzt*, essentials, DOI 10.1007/978-3-658-19051-4_4

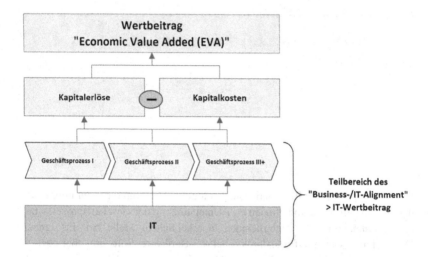

Abb. 4.1 IT-Wertbeitrag und Business-/IT-Alignment. (Eigene Darstellung)

abbildet, sodass ein maximaler Effizienzgewinn erzielt werden kann („IT als Umsetzer") aber auch, dass Kundenbindung und Kundengewinnung durch EDI unterstützt oder gar ermöglicht werden („IT als Enabler"). Als Beispiele sind hier ferner die Optimierung des Cashflow und Working Capital im Rahmen schnellerer elektronischer Rechnungsverarbeitungverfahren angeführt.

Stolperfallen, Missverständnisse, Handlungsempfehlungen und Erfolgsfaktoren

Im Folgenden soll zur Veranschaulichung möglicher Stolperfallen und Missverständnissen in Form einer zusammenfassenden Checkliste Handlungsempfehlungen ableitet werden, die letztendlich zu einer erfolgreichen Umsetzung bzw. Einführung von EDI führen sollen.

Dies soll exemplarisch am Beispiel für E-Invoicing für eine konkrete Anwendung nachfolgend dargestellt werden. Folgende Eckpunkte sollten bei der Umstellung grundsätzlich beachtet werden:

Checkliste: Eckpunkte am Beispiel der Umstellung auf E-Invoicing

- Wie viele Rechnungen werden pro Monat bzw. pro Jahr erstellt?
- Wird ein WWS für die Rechnungserstellung und den -empfang eingesetzt?
- Welche Schnittstellen aus dem und in das WWS bestehen, um die vollen Effizienzvorteile im Sinne einer automatisierten Weiterverarbeitbarkeit der Rechnungsdaten auszuschöpfen?
- Welche kundenseitigen Datenformatvorgaben müssen berücksichtigt werden, welche Vielfalt ist hier für unterschiedliche Kunden zu berücksichtigen?
- Welche (sicheren) Übertragungs- bzw. Kommunikationswege bestehen bzw. können genutzt werden?
- Welche strategischen Vorteile sollen durch die Einführung realisiert werden (z. B. Kundenbindung, Optimierung des Cash-to-Cash-Cycles) und kann ein Wertbeitrag über die reine Prozessoptimierung hinaus realisiert werden?
- Informieren Sie sich über Grund- und Zusatzleistungen von Softwareanbietern.

© Springer Fachmedien Wiesbaden GmbH 2017
M. Kischporski, *EDI – Digitalisierung und IT-Wertbeitrag konkret umgesetzt,* essentials, DOI 10.1007/978-3-658-19051-4_5

Ausblick 6

Wohin geht die Reise? Aktuell ist die EDI-Welt geprägt von den in diesem *essential* dargestellten unterschiedlichen Ansätzen. Klar ist, dass sich der Strukturdatenaustausch durchsetzen muss, alle andere Ansätze wie Scannen, PDF-Extraktion, Belegerkennung mittels OCR, Web-EDI und weitere sind nur Zwischen- oder Hybridlösungen. Es geht auch nicht darum, weitere neue Formate zu definieren. Diese gibt es bereits. Die Frage, die sich stellt, ist, wie kann man den Anbindungsaufwand für die Einrichtung, Tests etc. noch weiter optimieren. Aktuell erfolgt dies teilweise noch über Spezialisten, teilweise toolunterstützt für repetitive Testanwendungsfälle, ob intern oder extern bei sogenannten EDI-Clearing-Centern, oder auch über sogenannte Self-Service-Integrationsportale, um die Testvorgänge und damit die Aufwände zu standardisieren, zu automatisieren, zu externalisieren und somit auf den Lieferanten zu übertragen.

Wo liegt die Zukunft? Was ist die Vision? Die Welt des strukturierten Datenaustausches wird in den nächsten fünf bis sieben Jahren von selbstkonfigurierenden Anwendungen und Lösungen geprägt sein, die, unterstützt durch Künstliche Intelligenz und Machine Learning, den Datenaustausch und unterschiedliche Datenformate für einzelne Ausprägungen und Anwendungsfälle für Geschäftsprozesse auf internationaler Ebene zwischen den Geschäftspartnerentitäten abbilden. Bisher erlaubt die (vermeintliche) Komplexität diesen Standardisierungsgrad noch nicht. Hier ist weiterer Forschungsbedarf identifiziert und sind neue Geschäftsmodelle gefragt.

Im Juli 2016 hat bspw. das Bundeskabinett im Rahmen der E-Government Strategie der Bundesregierung das E-Rechnungs-Gesetz verabschiedet. Darin wird gesetzlich festgelegt, dass die Rechnungstellung an Behörden und Einrichtungen der Bundesverwaltung durch private Unternehmen künftig in elektronischer Form möglich sein muss. Bis 2018 müssen öffentliche Auftraggeber und

© Springer Fachmedien Wiesbaden GmbH 2017
M. Kischporski, *EDI – Digitalisierung und IT-Wertbeitrag konkret umgesetzt*, essentials, DOI 10.1007/978-3-658-19051-4_6

Vergabestellen in Europa E-Rechnungen verarbeiten und empfangen können. Ab dem 27. November 2018 treten die entsprechenden Vorschriften für alle Bundesministerien und Verfassungsorgane in Kraft. Alle anderen öffentlichen Auftraggeber (z. B. Gemeinden etc.) betrifft die Neuregelung erst ein Jahr später, also ab dem 27. November 2019. Dies wird sich auf den elektronischen Datenaustausch, im Besonderen auf das E-Invoicing zwischen Unternehmen auswirken.

Hic Rhodus, hic salta! Qui vivra, verra.

Was Sie aus diesem *essential* mitnehmen können

- Sie verstehen die Grundlagen von EDI und Strukturdatenaustausch und können auf „Augenhöhe" mit internen oder externen Dienstleistern und IT-Fachleuten Lösungen diskutieren.
- Sie sind sensibilisiert für den konkreten Nutzen in der praktischen Anwendung durch EDI im Kontext von Digitalisierung und digitaler Transformation.
- Durch konkrete Hinweise und Praxistipps sind Sie in der Lage, Digitalisierungsinitiativen in Form von EDI im Unternehmen anzustoßen und erfolgreich umzusetzen bzw. umsetzen zu lassen.

© Springer Fachmedien Wiesbaden GmbH 2017   49
M. Kischporski, *EDI – Digitalisierung und IT-Wertbeitrag konkret
umgesetzt*, essentials, DOI 10.1007/978-3-658-19051-4

Literatur

Wirtz, Bernd W., Electronic Business, Springer Gabler Verlag, 4. Auflage, 2013, S. 21.
Kersten, Wolfgang, Geschäftsmodelle und Perspektiven des industriellen Einkaufs im Electronic Business, in: E-Business Management mit E-Technologien – Zeitschrift für Betriebswirtschaft 03/2001, Gabler Verlag, S. 21 ff.

© Springer Fachmedien Wiesbaden GmbH 2017   51
M. Kischporski, *EDI – Digitalisierung und IT-Wertbeitrag konkret umgesetzt,* essentials, DOI 10.1007/978-3-658-19051-4

Printed in the United States
By Bookmasters